Gymnasium Bayern

Deutschbuch 7

Schulaufgabentrainer

Herausgegeben von
Wilhelm Matthiessen (München),
Bernd Schurf (Neuss) und
Wieland Zirbs (Passau)

Erarbeitet von
Winfried Kober (Prien am Chiemsee),
Angelika Mauersich (München),
Katrin Türk (Haar),
Mechthild Wand (Fürstenfeldbruck),
Manuela Weber (München) und
Stephan von Weinrich (Simbach am Inn)

Cornelsen

Texte zusammenfassen

Sachtexte zusammenfassen

Den Inhalt des Textes verstehen

Wenn du den Inhalt eines Sachtextes (z. B. einen Text aus einem Sachbuch, einer Zeitschrift oder einer Zeitung) zusammenfassen willst, kommt es darauf an, die **wesentlichen Informationen des Textes zu erfassen** und diese **kurz und sachlich** wiedergeben.
In diesem Kapitel wiederholst du,
- wie du die wesentlichen Informationen aus einem Sachtext herausfiltern kannst,
- wie du Schritt für Schritt die Textzusammenfassung schreibst und
- wie du deinen Aufsatz überarbeiten und verbessern kannst.

Christine Causse und Thierry Piantanida: **Piraten (1)**

Seit es Seefahrt und Seehandel gibt, gibt es Piraten, also schon seit über 3000 Jahren. Das Piratentum blühte vor allem dort, wo Handelsrouten durch Meerengen oder zwischen Inselgruppen hindurchführen – in Nord- und Ostsee ebenso wie im Mittelmeerraum oder in der Karibik. Mit zunehmendem Seeverkehr und der Öffnung neuer Handelsrouten Richtung Asien und Amerika entwickelte sich zugleich die Blütezeit der Piraterie: Zwischen dem 16. und dem 18. Jahrhundert bedrohten Piraten die Handelsrouten, denn die Plünderung von Waren und die Erpressung der Passagiere stellten sich als sehr lukrativ heraus. In kurzer Zeit bildeten sich verschiedene Formen der Piraterie: Während die „gewöhnlichen" Piraten selbstständig arbeiteten, unterstanden die Freibeuter ihrem König, der sie bewaffnete und offiziell autorisierte, auf Kaperfahrt zu gehen, das heißt, ausländische Handelsschiffe auszurauben oder zu versenken. Die Beute wurde zwischen den Seeräubern und deren Herrschern geteilt. Im 19. Jahrhundert verlor die Piraterie aber an Bedeutung: Die neuen Dampfschiffe waren nicht mehr vom Wind abhängig, die Piratenjäger hatten nun also ein leichteres Spiel mit ihren Gegnern. Außerdem unterzeichneten die großen Seemächte der Welt 1856 einen Vertrag, in dem das Ausstellen von Kaperbriefen verboten wurde. Damit wurde die Freibeuterei im Namen der Krone verboten. Die Handelsschiffe wurden nun von einer Eskorte von Kriegsschiffen begleitet. Der Mittelmeerraum war jetzt kontrolliert und eine Vereinigung vorwiegend französischer Seeräuber begab sich in die Karibik.

Aus dem Buch: Das Meer

1 *a) Lies dir den obigen Sachtext genau durch. Was ist dir nach dem ersten Lesen des Textes in Erinnerung geblieben? Schreibe es in Stichworten auf, ohne noch einmal im Text nachzusehen.*

____

____

____

b) Lies den Text ein zweites Mal und unterstreiche dabei nur die wichtigsten Informationen.

2 *Im Text „Piraten (1)“ (▷ S. 3) kommen einige Fremdwörter und Fachbegriffe vor, die du vielleicht nicht kennst. Oft lassen sich diese aus dem Textzusammenhang erklären. Manchmal muss man die Bedeutung unbekannter Begriffe auch im Wörterbuch nachschlagen. Erkläre die Bedeutung der folgenden Begriffe:*

Handelsroute (Z. 3) ____________________

lukrativ (Z. 12) ____________________

autorisieren (Z. 16) ____________________

Eskorte (Z. 27) ____________________

3 *Gliedere den Text in vier Sinnabschnitte.*
a) Markiere jeden Abschnitt durch ein Absatzzeichen (⌠).
b) Formuliere Überschriften zu den einzelnen Textabschnitten.

Zeile ______ – Zeile ______: ____________________

Zeile ______ – Zeile ______: ____________________

Zeile ______ – Zeile ______: ____________________

Zeile ______ – Zeile ______: ____________________

4 *Entscheide bei jeder Aussage, ob sie richtig ist (**r**), falsch ist (**f**) oder mit Hilfe des Textes nicht beantwortet werden kann (**n**).*

Erst im 16. Jahrhundert entwickelt sich die Piraterie. ____________________

Die Könige unterstützen die Freibeuter. ____________________

Im 19. Jahrhundert verändert sich die Piraterie grundlegend. ____________________

Die Piraten bekämpfen sich oft gegenseitig. ____________________

5 *Beantworte die folgenden Fragen:*
a) Was ist der Unterschied zwischen einem Piraten und einem Freibeuter?

____

____

b) Aus welchen Gründen verliert die Piraterie im 19. Jahrhundert an Bedeutung?

____

____

____

6 *Fasse nun den Inhalt des Textes „Piraten (1)“ (▷ S. 3) knapp und sachlich in deinem Heft zusammen. Schreibe im Präsens (bei Vorzeitigkeit verwendest du das Perfekt).*

Folgende Schritte helfen dir, den Inhalt eines Textes zu erfassen:
1. Schritt: Lies den Text genau durch und markiere Wörter und Textstellen, die du nicht verstehst, z. B. mit einem Fragezeichen am Rand.
2. Schritt: Kläre die Bedeutung der unbekannten Wörter und Textstellen (z. B. aus dem Textzusammenhang).
3. Schritt: Lies den Text ein zweites Mal und unterstreiche dabei die wichtigsten Informationen.

7 *Lies nun die Fortsetzung des Textes „Piraten (1)" von Seite 3 und versuche, das Wesentliche des Textes zu erfassen. Gehe dazu wie im obigen Tippkasten vor.*

Christine Causse und Thierry Piantanida: **Piraten (2)**

Wenn Piraten ihr Beuteschiff ins Visier nahmen, achteten sie darauf, sich so zu nähern, dass niemand Verdacht schöpfte. Grundsätzlich legte der Kapitän Wert darauf, so lange wie möglich auf Distanz zum Beuteschiff zu bleiben. Um seinen Feind zu täuschen, hisste er die gleiche Fahne wie die des begehrten Schiffes. Unmittelbar vor dem Zusammenstoß wurde die Fahne durch die Piratenflagge ersetzt: schwarz, mit einem Totenkopf, blutrot oder mit einem Skelett. Die Enterhaken, die über die Reling geworfen wurden, ermöglichten den Piraten, sich mit Säbeln und Pistolen voran an Bord zu schwingen. Sie griffen gelegentlich auch mit Kanonen an. Der Überraschungseffekt sorgte für Chaos unter den Soldaten, die mit dem Schutz der Passagiere und Waren beauftragt waren. Daher lag der Vorteil oft bei den Angreifern. Im Falle eines Sieges luden die Piraten die erbeuteten Schätze an Bord und ließen die Gefangenen in Seenot auf dem ausgeraubten Schiff zurück. Manchmal behielten sie das Schiff für sich selbst, töteten die, die sich widersetzten, und warfen sie über Bord.

Viele Piraten blieben uns in Erinnerung: Francis Drake (1540–1596), ein englischer Freibeuter, ließ die spanische Flotte erschaudern, vollbrachte dann die zweite Weltumseglung und wurde für seine Verdienste von der englischen Königin zum Ritter geschlagen. Der Waliser Henry Morgan (1635–1688) war zuerst englischer Freibeuter, wurde später Piratenjäger, dann als Dank für seine Verdienste für die englische Krone in den Adelsstand erhoben und schließlich zum Gouverneur von Jamaika ernannt. Der schottische Pirat William Kidd (1645–1701) überfiel ab 1696 mehrere Schiffe im Indischen Ozean. Er wurde wegen Piraterie hingerichtet. Einer der wohl bekanntesten englischen Piraten des Karibischen Meeres war Edward Teach (1675–1718), besser unter dem Namen „Blackbeard" bekannt. Den Namen „Blackbeard" erhielt er wegen seines dichten schwarzen Bartes. Zu Beginn des 18. Jahrhunderts zog dieser Pirat kapernd und plündernd an der Atlantikküste Amerikas entlang und erbeutete rund 40 Schiffe. Seine schreckliche Erscheinung trug in hohem Maße zur Legendenbildung bei: Er war hoch gewachsen und stattlich, kämpfte mit mehreren Pistolen, Dolchen und einem Säbel bewaffnet und wurde vor allem wegen der brennenden Zündschnüre bekannt, die er vor einer Schlacht in seinen langen Bart band. Diese Erscheinung, die er selbst kultivierte, machte ihn zum Inbegriff des unerschrockenen Piraten, der so manchen Kapitän eines Handelsschiffs dazu brachte, ohne Gegenwehr zu kapitulieren.

Unter den Piraten gab es aber auch Frauen. Im Jahr 1530 griff die Irin Grace O'Malley die Schiffe des englischen Königs an und enterte diese auf Höhe von Irland. Im 17. Jahrhundert schlossen sich die Engländerin Mary Read und die Irin Anne Bonny (1685–1721) dem Piratenkapitän Jack Rackham an. Im Chinesischen Meer übernahm zu Beginn des 19. Jahrhunderts eine Seeräuberin das Kommando: Die Chinesin Ching Shih stand an der Spitze von 1500 Segelschiffen und 80 000 Männern.

Aus dem Buch: Das Meer

Schreibplan: Die wesentlichen Informationen des Textes festhalten

! Wenn du dich mit dem Inhalt des Textes vertraut gemacht hast, solltest du einen Schreibplan erstellen, um beim Schreiben des Aufsatzes nichts Wichtiges zu vergessen. Gliedere hierzu den Text in Sinnabschnitte und fasse dann den Inhalt jedes Abschnitts in Stichworten oder kurzen Sätzen zusammen.

8 *a) Unterteile den Text auf Seite 5 durch Absatzzeichen (⌐) in Sinnabschnitte.*
b) Fasse den Inhalt jedes Abschnitts zusammen und ergänze den folgenden Schreibplan. Verwende auch hier schon das Präsens (bei Vorzeitigkeit das Perfekt).

Schreibplan

1. Abschnitt (Z. 1–19): **Vorgehensweise beim Entern (Plündern) von Schiffen**

– Piraten nähern sich unauffällig dem Beuteschiff; zur Täuschung wird Fahne des Beuteschiffes gehisst

2. Abschnitt (Z.):

3. Abschnitt (Z.):

Der Aufbau und die sprachliche Gestaltung einer Textzusammenfassung

!

Eine Textzusammenfassung gliedert man in zwei Teile:
- Die **Einleitung** informiert über den Autor, den Titel, die Textart und ggf. über die Quelle (Fundstelle, wo der Text erschienen ist) sowie über das Thema des Textes.
- Im **Hauptteil** werden die wichtigsten Inhalte des Textes in sinnvoller Reihenfolge in eigenen Worten zusammengefasst.

Folgender Arbeitsauftrag wurde in einer Schulaufgabe gestellt:
Fasse den Inhalt des Textes „Piraten" (▷ hier S. 3 und S. 5) zusammen.

9 *Trage alle Informationen, die du für deine Einleitung brauchst, in die folgende Karteikarte ein.*

Autoren: Christine Causse und ____________________

Titel des Textes: ____________________

Textart: ____________________

Quelle/entnommen aus: ____________________

Thema des Textes: ____________________

____

10 *Untersuche die folgenden Einleitungen. Was ist weniger gelungen und welche Informationen fehlen? Arbeite mit Markierungen im Text und notiere Stichpunkte am Rand.*

Der Text, den eine Frau und ein Mann zusammen verfasst haben, nämlich Christine Causse und Thierry Piantanida, hat den Namen „Piraten". Es sind Seiten aus einem Buch, in dem man etwas über das Meer lernen kann. Der Text erzählt vom Leben der Piraten und auch von berühmten Männern und Frauen.

unwichtig ____________________

Der vorliegende Text mit dem Titel „Piraten" ist dem Buch „Das Meer" entnommen. Er ist von Christine Causse verfasst und informiert über die Geschichte und Methoden der Piraterie sowie über bekannte Piraten und sogar Piratinnen.

____

Bei deiner Textzusammenfassung kommt es darauf an, den Inhalt des Textes so wiederzugeben, dass die **Zusammenhänge** (Ursache und Wirkung, zeitliche Zusammenhänge etc.) deutlich werden. Achte also auf **passende Satzverknüpfungen.**

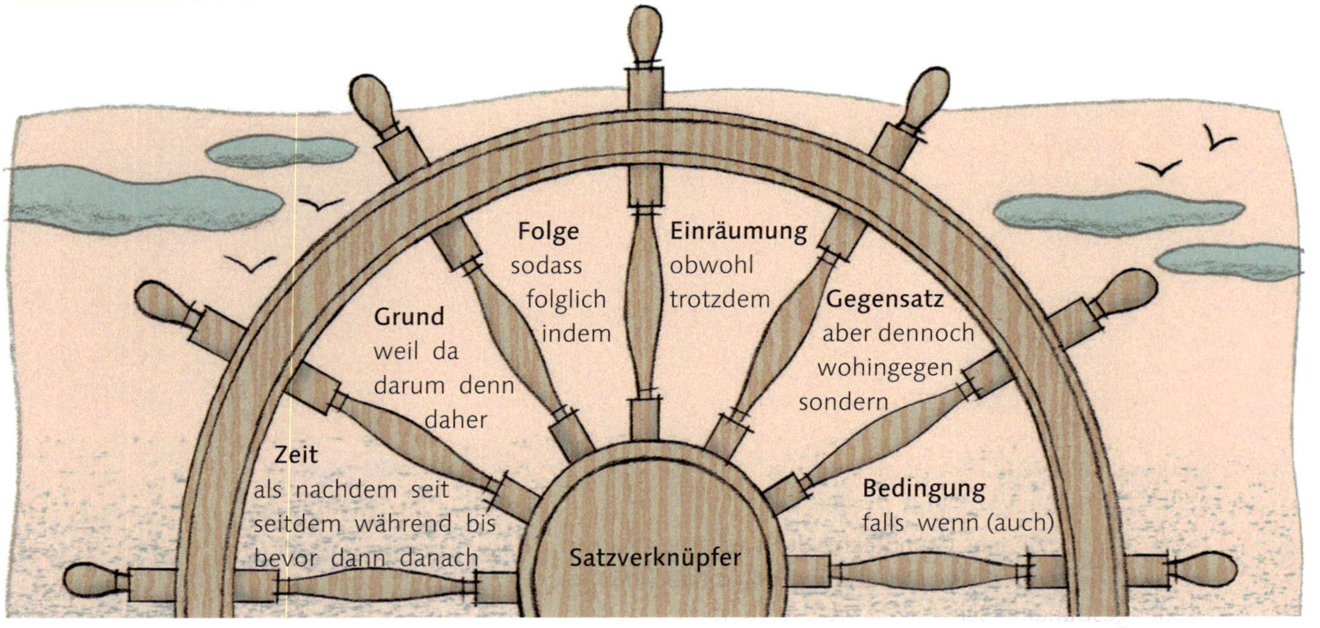

11 *Die folgenden Sätze beziehen sich auf die Texte „Piraten (1)" (▷ S. 3) und „Piraten (2)" (▷ S. 5). Verknüpfe die Sätze so miteinander, dass die Zusammenhänge deutlich werden. Die obigen Satzverknüpfer helfen dir dabei.*

- Die Seemächte einigen sich auf ein Verbot der Freibeuterei. Die Handelsschiffe werden von Kriegsschiffen geschützt.

- Der Mittelmeerraum ist für die Piraten nicht mehr Gewinn bringend. Einige Piraten setzen ihr Tun in der Karibik fort.

- Zur Täuschung hisst das Piratenschiff die gleiche Fahne wie das zu kapernde Schiff. Sie wird kurz vor der Kaperung durch die Piratenflagge ersetzt.

- Piraterie gilt als Männergeschäft. Es gibt auch Frauen unter den Piraten.

12 *a) Fasse nun mit Hilfe deiner Ergebnisse von den Seiten 3–7 den Text „Piraten" (▷ S. 3 und S. 5) zusammen. Berücksichtige dabei die Gliederung in Einleitung und Hauptteil. Schreibe in dein Heft. Das Merkwissen zur Textzusammenfassung in der Umschlagklappe hilft dir dabei.*

b) Überarbeite deinen Aufsatz mit Hilfe der Checkliste auf Seite 14.

Schritt für Schritt eine Textzusammenfassung schreiben

! Die wichtigste Vorarbeit bei der Textzusammenfassung ist **das genaue Erfassen des Textes.** Das Schreiben der Zusammenfassung geht dann (fast) von selbst. Nimm dir für das Lesen also **genügend Zeit.**

1 *Erarbeite dir ein genaues Verständnis des folgenden Textes:*
a) Lies den Text genau durch. Kläre dann Begriffe, die du nicht verstehst.
b) Lies den Text ein zweites Mal, markiere hierbei die wichtigsten Informationen und gliedere den Text durch Absatzzeichen (⌈) in Sinnabschnitte. Fasse die Kerninformationen eines jeden Abschnitts in der Randspalte zusammen.

Seeräuberei in Nord- und Ostsee

Autor: Wolfgang Tarnowski

Die Seeräuberei in der Nord- und Ostsee entwickelte sich aus dem Strandrecht. Das Strandrecht war ein uraltes Recht der Küstenbewohner. Es besagte: Wer Gegenstände, die das Meer an den Strand gespült hat, findet, darf sie behalten. Für die hart arbeitenden, aber bitterarmen Fischer und Kleinbauern an der Küste war dieses Strandrecht ein von Gott verliehenes Grundrecht, denn es sicherte ihnen einen Teil ihres Lebensunterhalts. Das Strandrecht galt auch für gescheiterte oder gestrandete Schiffe. Für viele Küstenbewohner war das eine arge Versuchung. Es genügte ja, eine Tonne oder ein Leuchtfeuer zu versetzen, um ein Schiff auf ein Riff oder in eine Untiefe zu manövrieren und so der Güte Gottes ein wenig nachzuhelfen. Aus Strandsuchern wurden so Strandräuber und schließlich Strandmörder. Immer häufiger kam es nämlich vor, dass man Schiffbrüchige einfach umkommen ließ oder gar erschlug, wenn sie sich hatten retten können. Auch für solche Verbrechen bot das Strandrecht einen Anreiz, denn nur wenn niemand den Schiffbruch überlebt hatte, gehörte das Strandgut dem Finder ganz. Die großen Handels- und Hafenstädte versuchten, den Strandpiraten das Handwerk zu legen, indem sie deren Landesherren an ihre Pflichten erinnerten. Aber selbst feierlich beschworene Verträge bewirkten wenig, weil im Strandrecht galt: Ein Teil des Strandgut gehört dem Landesherrn. Die aber – Herzöge, Grafen und sogar Bischöfe – mochten auf eine so ergiebige Einnahmequelle nicht verzichten. Nach außen drohten sie Bußen und schwere Strafen an und setzten Strandvögte ein. In Wahrheit aber drückten sie beide Augen zu und duldeten, dass ihre Strandvögte mit Dieben und Mördern gemeinsame Sache machten. Vom Strandraub zur Seeräuberei war es nur ein kleiner Schritt. Zu dieser Entwicklung mag beigetragen haben, dass im frühen Mittelalter der Seehandel immer mehr zunahm. Um die Mitte des 12. Jahrhunderts hatten sich die wichtigsten Hafen- und Handelsstädte an Nord- und Ostsee zu einem Städtebündnis, der Hanse, zusammengeschlossen. Seither zogen die weit ausladenden und hochbordigen Hansekoggen unter den Augen der Strandpiraten vorüber. Eine so fette Beute mochten sich die Herren an den Küsten Frieslands, Dänemarks und Mecklenburgs nicht entgehen lassen. Im Laufe der Zeit wurden hier die Übergriffe auf fremde Schiffe immer dreister. Ohnmächtig musste die Hanse dieser von der Obrigkeit geduldeten oder gar ermutigten Seeräuberei zusehen.

Aus dem Sachbuch: Seeräuber

2 *Hast du den Text genau durchgearbeitet? Dann kannst du sicherlich die folgenden Fragen beantworten:*

a) Was versteht man unter dem „Strandrecht“?

____

____

____

b) Inwiefern stellt das Strandrecht eine Versuchung für die arme Bevölkerung dar?

____

____

____

c) Welche Aufgabe hat ein Strandvogt?

____

____

____

d) Was ist die „Hanse“?

____

____

____

e) Bei welchem der beiden Schiffe handelt es sich um eine Hansekogge? Kreuze an.

3 *Lege dir nun einen Schreibplan für deine Textzusammenfassung an, indem du den Inhalt jedes Sinnabschnitts in eigenen Worten zusammenfasst. Orientiere dich an dem Muster auf Seite 6 und nimm deine Stichworte von Seite 9 zu Hilfe.*
HINWEIS: *Notiere in deinem Schreibplan auch, welche Informationen du für die Einleitung benötigst. Schreibe in dein Heft und verwende auch hier schon das Präsens (bei Vorzeitigkeit das Perfekt).*

!

- Mit **Infinitivsätzen** lassen sich Aussagen oft knapper formulieren und abwechslungsreicher gestalten, z. B.: „Das Strandrecht erlaubt es den Küstenbewohnern, **Strandgut aufzusammeln**."
- Mit Hilfe von **Relativsätzen** kann man zwei Hauptsätze zu einem Satzgefüge umformen und damit oft eine Doppelung von Informationen vermeiden, z. B.: „Strandvögte sind eine Art Kontrolleure, **die von den Landesfürsten eingesetzt werden**."

4 *Mit Infinitivsätzen kann man Aussagen oft knapper formulieren. Forme die folgenden Sätze zu Infinitivsätzen um.*

- Die armen Küstenbewohner behalten das gefundene Strandgut, weil sie so für ihren Lebensunterhalt sorgen können.

___

___

- Strandräuber locken die Schiffe absichtlich in gefährliche Fahrwasser, weil sie dann die aufgelaufenen Schiffe plündern können.

___

___

- Die Handels- und Hafenstädte verlangen von den Landesherren, dass sie die Plünderungen unterbinden.

___

___

5 *Mit Hilfe von Relativsätzen kann man oft eine Doppelung von Informationen vermeiden. Verbinde die folgenden Hauptsätze zu einem Satzgefüge aus Haupt- und Relativsatz.*

- Ein Teil des Strandgutes gehört den Landesherren. Die Landesherren möchten nicht darauf verzichten.

___

___

- Die Strandvögte sollen die Anwendung des Strandrechts kontrollieren. Die Strandvögte kommen ihrer Aufgabe nicht nach.

___

___

___

- In Nord- und Ostsee nehmen die Plünderungen immer mehr zu. Besonders die schwer beladenen Handelsschiffe der Hanse haben unter den Plünderungen zu leiden.

___

___

! Beim Schreiben einer Textzusammenfassung musst du darauf achten, den Text **in eigenen Worten** wiedergeben und dabei **knapp und sachlich** zu formulieren. Umgangssprache, ausschmückende Elemente und persönliche Kommentare solltest du vermeiden.

6 *Die folgende Textzusammenfassung zu „Seeräuberei in Nord- und Ostsee" (▷ S. 9) weist noch Fehler auf. Markiere diese im Text und notiere in der Randspalte, welche Fehler gemacht wurden.*

VORSICHT FEHLER!

Textzusammenfassung „Seeräuberei in Nord- und Ostsee"

In dem Text aus dem Buch „Seeräuber" erzählt Wolfgang Tarnowski von der Entstehung der Seeräuberei in diesen Gewässern. Die Grundlage für das Aufkommen der Seeräuberei an den Küsten ist das so genannte Strandrecht. Demnach darf der Finder Gegenstände behalten, die an den Strand angespült werden. Das ist natürlich toll für die Leute, die oft sehr arm waren. Weil das Strandrecht aber auch für gestrandete Schiffe gilt, werden manche Küstenbewohner fies: Sie machen, dass Schiffe untergehen, und plündern dann die Ladung. Dabei killen sie auch die Überlebenden, weil diese sonst Anspruch auf einen Anteil davon hätten. Sogar Herrscher machen da mit, weil das Strandrecht dem Landesherrn einen Anteil am Strandgut zuspricht. Das ist ja klar, dass die sich das nicht entgehen lassen wollen! Die von den Landesherren eingesetzten Strandvögte sollen eigentlich die Plünderungen unterbinden, aber gemeinerweise arbeiteten sie oft mit den Strandräubern zusammen. Weil der Seehandel im Mittelalter zunimmt, blüht auch die Seeräuberei. Die Schiffe der Hanse waren ja auch eine fette Beute! Dagegen konnte die Hanse nichts machen.

7 *a) Schreibe nun eine eigene Textzusammenfassung des Textes „Seeräuberei in Nord- und Ostsee" (▷ S. 9). Berücksichtige hierbei die Gliederung in Einleitung und Hauptteil und die Regeln zur Textzusammenfassung (▷ Umschlagklappe). Schreibe in dein Heft.*

b) Überarbeite deine Textzusammenfassung mit Hilfe der Checkliste auf Seite 14.

Fit für die Schulaufgabe: Einen Sachtext zusammenfassen

Folgender Arbeitsauftrag wurde in einer Schulaufgabe gestellt:
Entnimm dem folgenden Sachtext die wichtigsten Informationen und verfasse dann eine Textzusammenfassung nach den erarbeiteten Regeln.

Nach Unglück im Ärmelkanal

Strandräuber auf Beutejagd

Der havarierte[1] Frachter „MSC Napoli" verliert Öl und Fracht. Plünderer haben sich bereits bedient.

Von Wolfgang Koydl, London

Für die Bewohner des kleinen Küstenorts Barnscombe und anderer Dörfer entlang der wildromantischen Küste der Grafschaft Devon muss es wie ein verspätetes Weihnachten sein. Zu Hunderten strömten die Menschen hinunter an die Strände, wo Container und anderes Gut von dem gestrandeten Frachter „MSC Napoli" angeschwemmt worden sind – und niemand schien sich um die Drohungen der Polizei zu scheren, die davor warnte, dass einige der Transportbehälter giftige oder gefährliche Stoffe enthalten könnten. Wie Legosteine aneinandergereiht lagen Container im Sand, angespült von den meterhohen Wellen, welche die schweren Stürme der letzten Wochen aufgepeitscht hatten. Für die Strandläufer muteten sie an wie eine Art stählerner Wundertüten, da niemand wusste, was sie enthielten.

Dazwischen hat sich der Inhalt geborstener Stahlbehälter ergossen: Autoersatzteile und Bekleidung, Weinfässer und Keksdosen, Erste-Hilfe-Kästen und Auspuffanlagen, Parfumflakons und Turnschuhe, brandneue BMW-Motorräder und sogar ein Auto – die Strände Devons sind durch die Havarie des 53 000 Bruttoregistertonnen großen Frachters in einen einzigen Supermarkt verwandelt worden.

Mit beiden Armen schleppten Anwohner ab, was sie tragen konnten. Die Motorräder wurden, wie der Ortsansässige Gareth Topping freudestrahlend einem Reporter der BBC erklärte, gleich an Ort und Stelle gestartet und den Steilhang hinauf nach Hause gefahren. Nach geltendem britischen Recht ist es erlaubt, angeschwemmtes Strandgut an sich zu nehmen, solange man es anschließend bei der Polizei registrieren lässt, damit der rechtmäßige Besitzer die Möglichkeit erhält, es zurückzubekommen.

Andernfalls drohen den Plünderern Haftstrafen; aber an der englischen Südküste ist es seit Jahrhunderten Tradition, die Ladung gekenterter oder gesunkener Schiffe abzutransportieren. Früher war es sogar üblich, vorbeifahrende Schiffe mit irreführenden Leuchtfeuern bewusst auf Grund laufen zu lassen.

1 **havarieren:** einen schweren Unfall haben (bei Schiffen und großen Transportfahrzeugen)

MSC Napoli

In gewisser Hinsicht sind die Behörden allerdings erleichtert, dass es nun eher diese Plünderungen sind, mit denen sie sich befassen müssen, und nicht die ursprünglich befürchtete Umweltkatastrophe. Bisher sind lediglich 200 Tonnen Öl aus dem Rumpf des eine Meile vor der Küste auf Grund gesetzten Frachters ausgelaufen. Es hat einen Ölfilm von rund acht Kilometer Länge auf dem Wasser gebildet, doch da es sich um Leichtöl handelt, werden die Gefahren für die Umwelt als verhältnismäßig gering eingeschätzt. Nur wenige Seevögel wurden mit dem Öl verschmutzt. Sie wurden von Rettern eingesammelt und gereinigt.

Insgesamt lagerten am Montagnachmittag noch 3500 Tonnen Öl in den Tanks der „MSC Napoli", aber schon am Morgen waren zwei Spezialschiffe längsseits gegangen, um den Treibstoff abzusaugen. Die Operation wurde dadurch erschwert, dass das Schiff eine schwere Schlagseite von etwa 45 Grad aufweist. Darüber hinaus muss das Öl zunächst erhitzt werden, bevor es abgepumpt werden kann. Die Küstenwache zeigte sich jedoch höchst zuversichtlich, dass eine Umweltkatastrophe verhindert werden könne.

Bericht aus der „Süddeutschen Zeitung" vom 23.01.2007

1 *Erarbeite dir ein genaues Verständnis des Textes:*
- ☐ *Lies den Text genau durch. Kläre dann Begriffe, die du nicht verstehst.*
- ☐ *Lies den Text ein zweites Mal. Markiere hierbei die wichtigsten Informationen und gliedere den Text durch Absatzzeichen (⌈) in Sinnabschnitte.*

2 *Notiere die Informationen, die für die Einleitung deiner Textzusammenfassung wichtig sind.*

Autor(en): ______________________________

Titel des Textes: ______________________________

____

Textart: ______________________________

Quelle/entnommen aus: ______________________________

Thema des Textes: ______________________________

____

____

____

____

3 *Erstelle einen Schreibplan für deine Textzusammenfassung, indem du den Inhalt der einzelnen Textabschnitte in Stichpunkten zusammenfasst. Gehe wie im Muster auf Seite 6 vor. Schreibe in dein Heft und verwende auch hier schon das Präsens (bei Vorzeitigkeit das Perfekt).*

4 *Verfasse mit Hilfe deines Schreibplans die Textzusammenfassung. Schreibe in dein Heft. Das Merkwissen zur Textzusammenfassung im Umschlag hilft dir dabei.*

5 *Überarbeite deine Zusammenfassung noch einmal. Nimm dazu die folgende Checkliste zu Hilfe.*

TIPP

Schreibe knapp und sachlich. Löse dich von der Textvorlage und gib den Text in deinen eigenen Worten wieder.

☑ Checkliste: Sachtexte zusammenfassen

- ☐ Ist deine **Einleitung vollständig** (Autor(en), Titel, Textart, ggf. Quelle und Thema des Textes)?
- ☐ Hast du **nur das Wesentliche** wiedergegeben? Gibt es Einzelheiten, die du weglassen könntest?
- ☐ Hast du den Inhalt des Textes **mit eigenen Worten** wiedergegeben?
- ☐ Ist die Zusammenfassung **sachlich formuliert** und enthält keine Umgangssprache?
- ☐ Werden **Zusammenhänge** (Ursache und Wirkung, zeitliche Zusammenhänge etc.) durch treffende Satzverknüpfungen und Satzanfänge benannt?
- ☐ Wird als Tempus das **Präsens,** bei Vorzeitigkeit das Perfekt verwendet?
- ☐ Hast du die **wörtliche Rede** (falls in der Textvorlage vorhanden) **vermieden** und wichtige Aussagen in der indirekten Rede oder in einem Aussagesatz wiedergegeben?

Literarische Texte zusammenfassen

Den Inhalt des Textes verstehen

Wenn du den Inhalt eines literarischen Textes (z. B. eine Erzählung, ein Märchen, ein Gedicht, einen Ausschnitt aus einem Jugendbuch) zusammenfassen willst, musst du den Inhalt der Handlung mit eigenen Worten kurz und sachlich wiedergeben.
In diesem Kapitel wiederholst du,
- ☐ wie du die wichtigsten Ereignisse der Handlung aus dem Text erschließt,
- ☐ wie du Schritt für Schritt deine Textzusammenfassung schreibst und
- ☐ wie du deinen Aufsatz überarbeiten kannst.

1 *Lisanne soll eine Textzusammenfassung zu einem Märchen, das in der Schule gelesen wurde, erstellen. Sie beginnt so:*

Textzusammenfassung zu: Das Märchen vom Sultan und den Musikanten

In dem Märchen vom Sultan und den Musikanten von Klaus Kordon geht es um einen Sultan, der Musik liebt.
Der Sultan lässt sich oft Musik vorspielen und erwartet, dass die Musik ihn müde macht und er dadurch besser einschlafen kann. Doch weil der Sultan den Flötenspieler aus seinem Reich verbannt, können die übrigen Musikanten nicht mehr ohne Angst spielen und spielen so schlecht, dass der Sultan alle verbannt. Schließlich bleibt kein Musikant mehr übrig und der Sultan beschließt zu sterben ...

a) Versuche, dir die Handlung des beschriebenen Märchens vorzustellen. Gelingt es dir? Markiere die Textstellen, bei denen du mehr und genauere Erklärungen benötigst.
b) Schreibe dann die Fragen auf, die du stellen würdest, um den Inhalt des Märchens zu verstehen.

!

Nur wenn du den Inhalt eines Textes genau verstanden hast, kannst du ihn auch zusammenfassen. Folgende Schritte helfen dir, den Inhalt eines Textes zu erfassen:

1. Schritt: Lies den Text genau durch.
2. Schritt: Kläre die Bedeutung unbekannter Begriffe (z. B. aus dem Textzusammenhang).
3. Schritt: Lies den Text ein zweites Mal und unterstreiche dabei die wichtigsten Textstellen (Schlüsselwörter), gliedere den Text in Sinnabschnitte und notiere für jeden Abschnitt wichtige Stichpunkte zum Inhalt.

2 *Lies nun das Märchen vom Sultan und den Musikanten selbst.*
Dann kannst du dir die Fragen aus Aufgabe 1 beantworten und findest heraus, wie die Geschichte endet.
Gehe folgendermaßen vor:
a) Lies den gesamten Text erst einmal genau durch.
b) Lies das Märchen ein zweites Mal.
- *Markiere hierbei die wichtigsten Textstellen und unterteile den Text durch Querstriche in Sinnabschnitte (in den ersten beiden Abschnitten ist dies schon vorgenommen worden).*
- *Notiere dir in der Randspalte Stichpunkte zum Inhalt eines jeden Abschnitts. So findest du dich beim Zusammenfassen leichter zurecht.*

TIPP

An folgenden Merkmalen erkennst du häufig den Beginn eines neuen Sinnabschnitts:
- eine neue Handlung setzt ein,
- ein Gespräch beginnt oder endet,
- der Ort der Handlung wechselt,
- Figuren kommen hinzu oder entfernen sich,
- ein Zeitsprung wird gemacht.

Das Märchen vom Sultan und den Musikanten

Über unser Land herrschte einmal ein Sultan, der sich Nachmittag für Nachmittag von einem Flötenspieler in den Schlaf spielen ließ. Eines Tages jedoch, als die Sonne besonders hell in das fürstliche Schlafgemach schien, konnte der Sultan trotz des lieblichen Flötenspiels nicht einschlafen. Er wälzte sich auf seinem Diwan hin und her, als auf einmal das Flötenspiel abbrach.

Wutentbrannt sprang der beleibte Sultan auf seine Füße. Und was entdeckte er da? Die milden Töne seiner Musik hatten den Flötenspieler so müde gemacht, dass er, die Flöte an den Lippen, über seinem eigenen Flötenspiel eingeschlafen war.

„Dich hat Allah bei Nacht erschaffen!", rief der aufgebrachte Sultan und ließ den unglücklichen Flötenspieler durch seine Schergen außer Landes bringen.

Und am nächsten Tag beauftragte er seinen Großwesir, ihm einen neuen Hofmusikanten zu bringen. Der wurde zwar gebracht, spielte aber, da er vom Schicksal seines Vorgängers erfahren hatte, aus Furcht viel zu schnell.

Der Sultan, auf seinem Lager immer mehr dem Zorn verfallend, ließ auch diesen Musikanten des Landes verweisen und sich wiederum einen neuen bringen. Der spielte aus Angst noch schneller und wurde ebenfalls des Landes verwiesen.

[...] [I]n den nächsten Tagen durchkämmten des Sultans Diener das ganze Land und führten ihrem Herrn nach und nach alle Flötenspieler vor. Die Musikanten aber wussten sämtlich um die Bestrafung, die ihnen drohte, falls sie nicht einschläfernd genug spielten, und konnten ihren Flöten vor Furcht nicht die milden Töne entlocken, die den Sultan besänftigt hätten. Einer nach dem anderen wurde des Landes verwiesen und der Sultan wälzte sich weiter schlaflos auf seinem Diwan herum und fand auch in der Nacht keinen Schlaf mehr, so sehr fehlte ihm sein geliebtes Flötenspiel.

Bald gab es im ganzen Land keinen einzigen Flötenspieler mehr. Der Sultan ließ Lautenspieler kommen, aber auch die fürchteten so sehr, ihre Heimat verlassen zu müssen, dass sie ihren Instrumenten nur grelle, unruhige Töne entlocken konnten. Also verbrachte der Sultan weitere schlaflose Tage und Nächte.

Es kam, wie Allah es vorherbestimmt hatte: Bald gab es auch keine Lautenspieler mehr. Der Sultan ließ Trommler kommen, Pfeifer und Bläser, aber deren Musik war ohnehin nicht zum Einschlafen geeignet und so hatten auch sie keine Möglichkeit, den Sultan zu besänftigen.

Der Sultan raste und tobte und schrie: „Außer Landes! Fort mit ihnen! Ich will sie nicht hören." Der fehlende Schlaf aber zehrte ihn aus, er verlor sein Fett, wurde mager und hohlwangig und konnte sich bald nicht mehr von seinem Lager erheben. So lag er nur noch herum und haderte mit seinem Schicksal. In seinem Land aber herrschte große Trübsal, denn der Sultan hatte auf diese Weise auch den letzten Musikanten vertrieben. Wurde eine Hochzeit gefeiert oder eine Geburt, war niemand da, der zum Tanz aufspielen konnte. Verliebte saßen im Mondlicht und seufzten, aber weder von nah noch von fern drangen mehr liebesselige Klänge an ihr Ohr.

Der Sultan auf seinem Lager erkannte, dass er in seinem gottlosen Zorn nur Unheil gestiftet hatte, und war so voller Gram, dass er beschloss zu sterben. Er lehnte jede Speise ab und jeden Trank und zählte die Tage. Manchmal aber, im Dämmerzustand, erschien es ihm, als höre er wieder Musik. Doch das waren nur Träume, die ihn noch trauriger machten.

Eines Tages jedoch erwachte der Sultan aus seinem Schlaf, nahe dem Tode. Es waren Töne an sein Ohr gedrungen, die er nicht geträumt haben konnte und die ihn trotz seiner Schwäche von seinem Lager trieben. Wie von einem mächtigen Geist geführt stand er auf und schlich sich in den Palastgarten. Dort aber saß Biribor, der Sohn einer Dienerin, und übte – das Flötenspiel. [...]

Da der zehnjährige Biribor noch nie zuvor in seinem Leben eine Flöte in der Hand gehalten hatte, hörte sich sein Spiel schrill an und unmelodisch. Hohe Töne und tiefe Töne lösten einander ab, ohne Sinn und Gefühl. Dem Sultan aber erschien, was er zu hören bekam, als Ohrenschmaus. Er hockte sich zu dem Sohn seiner Dienerin und bat ihn weiterzuspielen. Und Biribor, der in dem bleichen, kraftlosen Mann niemals den einst so fetten Sultan erkannt hätte, spielte voller Vertrauen in seine noch ungeübte Kunst weiter.

„Wer bist du?", fragte der Sultan, als Biribor endlich müde geworden war. Biribor nannte seinen Namen und den seiner Mutter.

„Und woher hast du die Flöte?", fragte der Sultan weiter.

Biribor antwortete, dass er sie im Garten gefunden habe. Und der Sultan vermutete, dass es an seinem Hof einen Musikanten gab, der nicht entdeckt werden wollte, weil er befürchtete, sonst ebenfalls vertrieben zu werden. Er beschloss, den Musikanten zu suchen, nahm Biribor an die Hand und ging mit ihm in seinen Palast zurück.

Auf diese Weise erfuhr der Knabe Biribor, wer jener Mann war, mit dem er

sich so vertrauensvoll unterhalten hatte. Aber er fasste bald Zutrauen zu dem mageren Mann, der in nichts mehr an jenen unbeherrschten Sultan von einst erinnerte.
Der Sultan ließ Speisen und Getränke kommen, labte sich wie lange nicht mehr und lud auch Biribor, der ihm durch sein Flötenspiel neuen Lebensmut gegeben hatte, zur Tafel ein. Danach ließ er sich waschen und ankleiden und versammelte all seine Wesire, Diener, Dienerinnen und Hofgünstlinge um sich. Und als sie sämtlich vor ihm knieten, forderte er Biribor auf, Flöte zu spielen. Der Junge, stolz darauf, ein so zahlreiches Publikum um sich versammelt zu sehen, blies dann auch gleich so heftig in das Instrument, dass seinen Zuhörern der Schmerz in die Ohren fuhr. Erschrocken über die erzielte Wirkung nahm Biribor die Flöte wieder von den Lippen, der Sultan jedoch forderte ihn auf weiterzuspielen – und zwar so lange, bis er ihm Einhalt geböte.
Biribor tat wie ihm geheißen. Und während Biribor spielte, sah der Sultan seinen Wesiren, Dienern, Dienerinnen und Hofgünstlingen ins Gesicht. Einen nach dem anderen sah er an, bis er Biribor ein Zeichen gab und alle wieder fortschickte. Das heißt: alle bis auf einen! Dem Gärtner Orsan, der am meisten unter dem unmelodischen Geplärr der Flötentöne gelitten hatte, befahl er zu bleiben. Und der so entdeckte heimliche Flötenspieler gestand dem Sultan sein Können und erwartete, wie alle anderen Musikanten vor ihm von des Sultans Schergen außer Landes gebracht zu werden. Da Orsan aber ein Mädchen liebte, küsste er dem Sultan die Füße und bat ihn um ein Todesurteil, denn er wollte lieber sterben als sein Mädchen verlassen.
Zu unserem Glück jedoch hatte der Sultan längst erkannt, wie dumm und grausam er gewesen war. Deshalb schickte er Orsan nicht fort, sondern befahl ihm, Biribor das Flötenspiel zu lehren.
Und so geschah es: Orsan lehrte Biribor das Flötenspiel und wurde dafür vom Sultan so reich belohnt, dass er von nun an ein gemachter Mann war und das Mädchen, das er liebte, heiraten konnte. Biribor aber wurde ein Meister seines Fachs. In allen Ländern und allen Palästen rühmte man seine Kunst – und so auch den Namen des Sultans, der gerade noch rechtzeitig zur Einsicht gekommen war.

3 *Bei einer Zusammenfassung hast du die Aufgabe, die Handlung knapp und in eigenen Worten darzustellen, also auch Auskunft zu geben über die Gründe und Folgen der Handlungsweise des Sultans und der Musikanten. Dazu musst du erkennen, warum die Personen auf bestimmte Art und Weise handeln.*
Wenn du den Text sorgfältig durchgearbeitet hast, kannst du folgende Sätze sicherlich vervollständigen. Versuche, dabei nur deine eigenen Formulierungen, nicht diejenigen des Erzählers zu verwenden.

a) Der Sultan verbannt die Musiker, die für ihn spielen, weil ______

b) Den Musikanten, die den Sultan in den Schlaf spielen sollen, gelingt dies nicht, weil ______

Schreibplan: Die wesentlichen Informationen des Textes festhalten

4 *Fasse in kurzen Sätzen oder Stichworten zusammen, was in jedem Handlungsschritt passiert, und ergänze den folgenden Schreibplan. Verwende auch hier schon das Präsens (bei Vorzeitigkeit das Perfekt).*

Schreibplan

1. Handlungsschritt: Sultan benötigt Flötenmusik, um am Nachmittag einschlafen zu können; Flötenspieler schläft jedoch ein, bevor Sultan Schlaf findet → wütender Sultan verbannt ihn zur Strafe in die Fremde

2. Handlungsschritt: Sultan verlangt einen anderen Flötenspieler; dieser hat solche Angst, die gleiche Bestrafung zu erleiden, dass er zu schnell spielt; dadurch kann Sultan nicht einschlafen und verbannt auch ihn

3. Handlungsschritt: ____________________

____

____

4. Handlungsschritt: ____________________

____

____

5. Handlungsschritt: ____________________

____

____

6. Handlungsschritt: ____________________

____

____

7. Handlungsschritt: ____________________

____

____

____

____

____

8. Handlungsschritt: ____________________

____

____

TIPP

Ein Schreibplan hilft dir, die Handlungsschritte in der richtigen Reihenfolge festzuhalten.

Der Aufbau und die sprachliche Gestaltung einer Textzusammenfassung

Eine Textzusammenfassung gliedert man in zwei Teile:

- Die **Einleitung** informiert über ______________________________

____

____

____

____

____

- Im **Hauptteil** werden die wichtigsten Ereignisse der Handlung in der zeitlich richtigen Reihenfolge knapp und in eigenen Worten zusammengefasst.

5 *Vor die Zusammenfassung des Textes stellst du eine* ***Einleitung,*** *die dem Leser einen knappen Überblick über den Text gibt.*
a) In dem Sultanspalast stehen einige Fragen. Nicht alle sollen in der Einleitung beantwortet werden. Streiche alle Punkte durch, die ***nicht*** *in die Einleitung gehören.*
b) Vervollständige den oben stehenden Merkkasten, indem du ergänzt, welche Informationen in eine Einleitung gehören.

6 *Formuliere nun für deine Textzusammenfassung eine Einleitung.*

____

____

____

____

____

____

____

____

____

____

____

____

!

Eine Textzusammenfassung beschränkt sich auf das Wesentliche, ist knapp und sachlich formuliert und unterscheidet sich dadurch sehr stark von der Textvorlage (z. B. einer Erzählung oder einem Märchen). Möchtest du eine korrekte und informative Zusammenfassung schreiben, musst du deshalb besonders auf die Ausarbeitung achten. Folgende Tipps helfen dir dabei:

- Formuliere deine Textzusammenfassung **in eigenen Worten** und übernehme möglichst keine Formulierungen aus dem Originaltext.
- **Gib die schildernden und ausschmückenden Elemente** des literarischen Textes (z. B. einer Erzählung oder eines Märchens) **sachlich und verkürzt wieder.**

7 *Die folgenden Sätze sind Formulierungen aus dem Originaltext. Forme die Sätze so um, dass du sie für eine Zusammenfassung verwenden kannst. Formuliere sachlich, knapp und in eigenen Worten. Achte dabei besonders auf die Umformung der unterstrichenen Textpassagen. Unwichtiges musst du weglassen.*

TIPP
Achte auf die Verwendung des richtigen Tempus (Präsens bzw. bei Vorzeitigkeit Perfekt)!

- Der Sultan, auf seinem Lager <u>immer mehr dem Zorn verfallend</u> ...

___

- <u>Die Musikanten aber wussten sämtlich um die Bestrafung, die ihnen drohte</u>, ...

___

- Die Musikanten konnten ihren Flöten vor Furcht nicht <u>die milden Töne entlocken</u>, die den Sultan <u>besänftigt</u> hätten.

___

___

- Einer nach dem anderen <u>wurde des Landes verwiesen</u>.

___

- <u>Der fehlende Schlaf aber zehrte ihn aus, er verlor sein Fett, wurde mager und hohlwangig und konnte sich bald nicht mehr von seinem Lager erheben</u>.

___

___

- Der Sultan auf seinem Lager erkannte, dass er <u>in seinem gottlosen Zorn</u> nur <u>Unheil gestiftet hatte</u>, und <u>war so voller Gram</u>, dass er beschloss zu sterben.

___

___

- Da der zehnjährige Biribor noch nie zuvor in seinem Leben eine Flöte in der Hand gehalten hatte, hörte sich sein Spiel <u>schrill an und unmelodisch. Hohe Töne und tiefe Töne lösten einander ab, ohne Sinn und Gefühl</u>.

___

___

___

In der Textzusammenfassung erscheint **keine wörtliche Rede,** da sie, ebenso wie die schildernden und ausschmückenden Beschreibungen, zum Spannung und Lebendigkeit erzielenden Stil der Erlebniserzählung gehört.
Besonders wichtige Äußerungen von Figuren formt man deshalb **in die indirekte Rede oder in einen Aussagesatz** um.

8 *Kreuze an, wie du die folgenden Passagen in wörtlicher Rede am besten in deiner Textzusammenfassung wiedergeben kannst.*

A „Dich hat Allah bei Nacht erschaffen!" (Z. 11)

- ☐ Der Sultan sagt, dass er nicht zufrieden ist mit dem Flötenspieler.
- ☐ Der Sultan beschimpft den Flötenspieler.
- ☐ Der Sultan sagt, Allah habe den Flötenspieler bei Nacht erschaffen.

B „Wer bist du? [...] Und woher hast du die Flöte?" (Z. 68–70)

- ☐ Der Sultan will wissen, wie Biribor heißt und woher er die Flöte hat.
- ☐ Weil er nicht weiß, woher Biribor die Flöte hat und wie er heißt, fragt der Sultan nach.
- ☐ Der Sultan erkundigt sich nach Biribors Namen und fragt erstaunt, woher er die Flöte habe.

C „Außer Landes! Fort mit ihnen! Ich will sie nicht hören." (Z. 40–41)

- ☐ Weil kein Musiker es zu Stande bringt, den Sultan mit seinem Spiel in den Schlaf zu wiegen, vertreibt er alle Musikanten aus seinem Land.
- ☐ Der Sultan lässt alle Musiker außer Landes bringen, da er sie nicht mehr hören möchte.
- ☐ Der Sultan schreit wütend, er wolle die Musiker nicht mehr hören.

Indirekte Rede

- In der indirekten Rede verwendest du den Konjunktiv I, z. B.:
  Ich rief: „Thomas **kommt** heute Abend!" → Ich rief, Thomas **komme** heute Abend. (Konjunktiv I)
- Entspricht der Konjunktiv I dem Indikativ Präsens, verwendest du den Konjunktiv II oder die Umschreibung mit „würde", z. B.:
  Paul rief: „Ich **spreche** nie wieder mit dir!"
  → Paul rief, er ~~spreche~~ nie wieder mit ihr!" (Konjunktiv I = Indikativ Präsens)
  → Paul rief, er **spräche** nie wieder mit ihr. (Konjunktiv II)
  → Paul rief, er **würde** nie wieder mit ihr **sprechen.** (Umschreibung mit „würde")

9 *Die folgenden Sätze in wörtlicher Rede müssen für eine Textzusammenfassung umgeformt werden. Vervollständige die Lösungssätze und verwende hierzu die entsprechenden Konjunktivformen. Der obige Merkkasten hilft dir dabei.*

- „Ich kann Flöte spielen und habe meine Flöte im Palastgarten versteckt."

→ Orsan gesteht dem Sultan, dass er Flöte spielen ______________________ und seine Flöte im Palastgarten ____.

- „Ich werde sicher verbannt wie die anderen Musiker!"

→ Orsan befürchtet, er ______________________ wie die anderen Musiker ______________________.

!

Bei deiner Textzusammenfassung musst du den Inhalt des Textes so wiedergeben, dass die **Zusammenhänge** der Handlung (Ursache und Wirkung, zeitliche Zusammenhänge etc.) deutlich werden. Achte deshalb auf passende Satzverknüpfungen und treffende Satzanfänge.

10 *Erstelle aus den folgenden Sätzen einen Text, in dem die Zusammenhänge (zeitliche Abfolge, Ursache etc.) deutlich werden. Wähle dazu aus dem Wortspeicher rechts aus. Schreibe in dein Heft. Manche Sätze musst du umformulieren.*

Der Sultan eines arabischen Reiches lässt sich von einem Flötenspieler vorspielen.
Er kann dann besser einschlafen. Er schläft nicht ein.
Die Flötenmusik bricht ab.
Der Sultan erkennt, dass sein Musiker eingeschlafen ist.
Der Sultan reagiert wütend. Er beschimpft den Musiker.
Er verbannt ihn aus seinem Land.
Der Sultan lässt einen neuen Hofmusiker suchen.
Dieser befürchtet, dass er genauso bestraft wird wie sein Vorgänger, wenn es ihm nicht gelingt, seine Aufgabe zu erfüllen.
Er kann den Sultan nicht mit Hilfe seiner Musik in den Schlaf wiegen.
Er spielt die Melodien zu schnell.
Der Sultan weist ihn ebenso aus seinem Sultanat wie den letzten Flötenspieler.

doch worauf aber
schließlich da
trotzdem wenn
hingegen am nächsten Tag
daraufhin deshalb
zuvor nachmittags
ehe nachdem während
als jedoch weil
obwohl woraufhin
denn sodass
anschließend deswegen
aus diesem Grund darum
letztlich zuletzt
anfangs zunächst
damit zu diesem Zweck
mit der Absicht dass
um ... zu folglich

11 a) *Erstelle nun eine vollständige Textzusammenfassung zum „Märchen vom Sultan und den Musikanten“* *(▷ S. 16–18).* *Berücksichtige hierbei die Gliederung in Einleitung und Hauptteil. Die Regeln zur Textzusammenfassung in der Umschlagklappe helfen dir dabei. Schreibe in dein Heft.*

b) *Überarbeite deine Textzusammenfassung mit Hilfe der Checkliste auf Seite 26.*

Fit für die Schulaufgabe: Einen literarischen Text zusammenfassen

Folgender Arbeitsauftrag wurde in einer Schulaufgabe gestellt:
Fasse folgenden Ausschnitt aus dem Jugendbuch „Die Welt ist ein Fahrrad" von Thomas Fuchs mit eigenen Worten zusammen, sodass die wichtigsten Informationen und Zusammenhänge wiedergegeben werden. Achte auf Übersichtlichkeit und eine saubere äußere Form.

Thomas Fuchs

Die Welt ist ein Fahrrad

Den Weg vom Bahnhof zur Schule schob Robert sein Fahrrad. Erst wollte er fahren, aber mit der dick bandagierten Hand und dem schweren Rucksack war ihm das zu gewagt. *Der* Moment seines Lebens stand ihm bevor, die triumphale Rückkehr an seine Schule, und da durfte er nichts riskieren. Noch ein Sturz, womöglich vor allen Mitschülern, den Lehrern, und die Sache wäre vermasselt.

Die Straße den Berg hinauf hatte Robert kürzer in Erinnerung und weniger steil. Heiß brannte die Mittagssonne auf seinen Nacken. Er schob schwitzend das dunkelblaue Rennrad mit der gelben Aufschrift „Pegasus" – Robert hatte seine selbst konstruierte Rennmaschine nach dem geflügelten Pferd der griechischen Sage benannt – an den

alten Häusern vorbei. Dann endlich begann die gelbrote Backsteinmauer mit dem schmiedeeisernen Zaun obendrauf. Zwischen den grünen Wipfeln der Bäume konnte Robert immer wieder kurz das schwarze Dach der Schule sehen. Das große Tor zum Schulgelände war geöffnet. Selbstverständlich. Schon vor drei Wochen hatte das neue Schuljahr begonnen.

Er holte noch einmal tief Luft, dann nahm er die letzten Meter zum Schulgelände in Angriff. Ob sie etwas vorbereitet haben?, überlegte er. Wie würden sie ihn empfangen? Mit Transparenten? Würde sein alter Klassenlehrer eine Ansprache halten, womöglich sogar die Direktorin selbst? Robert freute sich darauf, seine alte Klasse wiederzusehen. Ein halbes Jahr war er fort gewesen. Eine lange Zeit, in der sich sicher einiges verändert hatte. Oder würde es so sein wie nach einem Urlaub? Man selbst hatte viel Neues erlebt, doch für die Daheimgebliebenen waren einfach nur weitere drei Wochen Alltag verstrichen.

Vor dem Gebäude verharrte er einen Moment und fast andächtig las er die Inschrift über dem Haupteingang. „Zum Ruhme des Sportes" stand in goldenen Lettern auf dem roten Stein geschrieben. Robert nickte in Gedanken, schulterte seine Rennmaschine und nahm die Stufen zum Eingang mit zwei großen Schritten. Oben stieß er die große braune Schultür auf. Niemand zu sehen. Das Schulgebäude war merkwürdig still, das Treppenhaus menschenleer. Robert sah auf die Uhr an der Wand. Es war kurz nach zwölf, eigentlich die Zeit, zu der früher die Schüler immer eine Freistunde hatten, auf dem Weg zum

Training waren oder vom Sportplatz zurückkamen. Aber nicht einmal der Hausmeister war zu sehen, normalerweise lauerte der immer in seinem Zimmer neben dem Eingang. Wo waren die alle?, überlegte er.

„Hallo!“, rief er in die Stille des Gebäudes.

Drückendes Schweigen war die Antwort. Robert stieg die Treppe in den ersten Stock zum Sekretariat hoch. Die Tür war verschlossen.

In Roberts Kopf begann es zu pochen. Er hatte doch angerufen, vorsichtshalber auch gefaxt, dass er heute um zwölf ankommen würde. Wo waren sie alle? Dass am Bahnhof niemand auf ihn gewartet hatte, konnte er ja irgendwie verstehen. Obwohl, eigentlich nicht so ganz. Er hatte keinen Triumphzug erwartet, auch keine Parade, aber ein Empfangskomitee wäre doch in seinem Falle das Mindeste gewesen.

Sein Blick fiel auf die Glasvitrine in der Fensternische gegenüber der Tür zum Sekretariat. Alte Fotos, vergilbte Zeitungsausschnitte, etliche silberne Pokale und ein großer goldener Teller standen darin. Robert trat an die Vitrine heran. Obwohl er die Namen kannte, las er sie. „Dieter Gieseler, 19 Jahre, Silbermedaillengewinner der Olympischen Spiele 1960 in Rom“ war in den goldenen Teller eingraviert. Auch in den Zeitungsartikeln stand immer wieder der Name Dieter Gieseler. Ebenso unter einem der Fotos. Es zeigte einen Jungen, ein paar Jahre älter als Robert, verschwitzt, mit einem dicken grünen Siegerkranz um den Hals. In die Kamera streckte der Junge eine silberne Medaille.

Weiter hinten lagen zwei Bilder, auf einem acht lachende Mädchen, die sich umarmten, auf dem anderen Bild zehn junge Männer, die Haare zerzaust, die Fäuste siegreich gen Himmel gestreckt. Rechts davor in der Vitrine standen die Pokale der anderen Sieger. Martin Maltus – Goldmedaille beim Sichtungsrennen der Schüler, 1983, Yvonne Bärmann – Jugend-Crossmeisterin, 1983, Klaus Küster – Grünes Band in den Kategorien Schüler, 1993, und Junioren, 1996, Mehmet Nivel – U13-Kader ...

Robert konnte, wo und was sie gewonnen hatten, auswendig herunterbeten. Jetzt würde ein neuer Name dazukommen. Seiner.

Er drehte sich von der Vitrine weg und schob sein Rad den Gang entlang zu seinem alten Klassenzimmer. Der Raum war leer. Robert fluchte leise vor sich hin. Wo waren sie? Dann plötzlich meldete sich in seinem Kopf eine Erinnerung. Erst klein und kaum wahrnehmbar, doch dann immer deutlicher. Was hatte auf dem Ehemaligentreff Dieter Gieseler, der Schulheld schlechthin, erzählt? Er sei damals von seinem Wettkampf zurückgekehrt und die Schule sei wie ausgestorben gewesen und ...

Robert schwang sich auf sein Fahrrad und raste den langen Gang entlang bis zu der Treppe, die in den Neubau hinüberführte. Er sprang aus dem Sattel, nahm das Rad über die Schulter und eilte, jeweils zwei Stufen auf einmal nehmend, ins Erdgeschoss hinab. Als er den nächsten Gang entlangging, hörte er sie endlich. Logisch, in der Aula. Dort wurde er erwartet. Es ist wie damals bei Dieter!

Vor der Tür zur Aula fuhr er sich einmal durch die kurzen hellbraunen Haare, richtete sich auf, dann öffnete er die Tür.

Geschrei und Gejohle brach aus. Robert wurde von dem Lärm fast zurück in den Gang gespült. Tatsächlich, sie waren alle da, Stuhlreihe an Stuhlreihe. Sie hatten kleine Fähnchen mit dem Schulwappen in den Händen. Vorne neben der Bühne stand die Direktorein Frau Lorenz und winkte Robert zu sich. Die anderen Lehrer und Trainer standen gegenüber der Bühne vor der ersten Stuhlreihe. Langsam, während er Pegasus nach vorne schob, ging das Gejohle in ein rhythmisches Robert-Robert-Rufen über. Er bekam eine Gänsehaut. Das war besser, intensiver als erwartet, das war erhebend, wahnsinnig, wie ein Traum! Dafür hatte sich alles gelohnt.

1 *Lies den Text „Die Welt ist ein Fahrrad“ und kläre genau, was passiert. Gehe folgendermaßen vor:*
a) Lies den gesamten Text erst einmal genau durch.
b) Lies den Text ein zweites Mal. Markiere hierbei die wichtigsten Textstellen und unterteile den Text durch Querstriche in Sinnabschnitte.

2 *Notiere die Informationen, die für die Einleitung deiner Textzusammenfassung wichtig sind.*

Autor(en): ______________________________

Titel des Textes: ______________________________

Textart: ______________________________

Quelle/entnommen aus: ______________________________

Ort, Personen der Handlung (Zeit hier nicht bekannt): ______________________________

____

Thema des Textes: ______________________________

____

____

3 *Erstelle einen Schreibplan für deine Textzusammenfassung, indem du in kurzen Sätzen oder Stichworten zusammenfasst, was in jedem Handlungsschritt passiert. Gehe wie im Muster auf Seite 19 vor und schreibe in dein Heft. Verwende auch hier schon das Präsens (bei Vorzeitigkeit das Perfekt).*

4 *Verfasse mit Hilfe deines Schreibplans deine Textzusammenfassung. Schreibe in dein Heft. Das Merkwissen zur Textzusammenfassung im Umschlag hilft dir dabei.*

TIPP
Schreibe knapp und sachlich. Löse dich von der Textvorlage und gib den Text in deinen eigenen Worten wieder.

5 *Überarbeite deine Zusammenfassung noch einmal. Nimm dazu die folgende Checkliste zu Hilfe.*

☑ Checkliste: Literarische Texte zusammenfassen

- ☐ Ist deine **Einleitung vollständig** (Autor, Titel, Textart, ggf. Quelle, Thema)?
- ☐ Hast du **nur das Wesentliche** wiedergegeben? Gibt es Einzelheiten, die du weglassen könntest?
- ☐ Hast du den Inhalt des Textes **mit eigenen Worten** wiedergegeben?
- ☐ Ist die Zusammenfassung **sachlich formuliert** und enthält keine Umgangssprache?
- ☐ Werden die **Zusammenhänge** der Handlung (Ursache und Wirkung, zeitliche Zusammenhänge etc.) deutlich?
- ☐ Wird als Tempus das **Präsens,** bei Vorzeitigkeit das Perfekt verwendet?
- ☐ Hast du die **wörtliche Rede vermieden** und wichtige Aussagen in der indirekten Rede oder in einem Aussagesatz wiedergegeben?

Argumentieren

Eine begründete Stellungnahme schreiben

Beim Argumentieren versuchst du, deine **Meinung** zu einer strittigen Frage **überzeugend zu begründen.** Dabei stellst du eine Behauptung (Meinung) auf, die du mit Begründungen (Argumenten) stützt und durch passende Beispiele veranschaulichst. In diesem Kapitel wiederholst du,

- wie du überzeugende Argumente und anschauliche Beispiele zu einem Thema (zu einer strittigen Frage) findest,
- wie du deine Argumentation sprachlich überzeugend gestaltest und
- wie du eine begründete Stellungnahme verfasst.

Thema: Soll es ein Handyverbot für Jugendliche unter 16 Jahren geben?
Viele Kinder besitzen bereits mit sechs Jahren ein Handy. Was vielleicht zunächst vorteilhaft erscheint, birgt durchaus auch Risiken und einige Eltern überlegen sich, ob es ein Alterslimit für Handys geben soll und Jugendliche erst ab 16 Jahren ein eigenes Handy besitzen sollten.

1 *a) Lies dir die folgenden Diskussionsbeiträge durch und entscheide, welche Position die Familienmitglieder zum Thema „Handy erst ab 16 Jahren?" jeweils vertreten. Notiere in den Kästchen links, ob sie sich für ein Alterslimit (**F**) oder gegen ein Alterslimit (**G**) aussprechen oder die Frage mit einer Einschränkung beantworten (**E**).*
b) Überprüfe nun die Beiträge auf ihre Stichhaltigkeit hin. Gehe folgendermaßen vor:
Markiere die Beiträge, die dich überzeugen, grün und die Redebeiträge, die dich weniger überzeugen, rot. Begründe deine Einordnungen, indem du in den nebenstehenden Zeilen kurz notierst, was dich überzeugt bzw. was genau dir missfällt.

☐ **Frau Störtz:** Ich finde es unverantwortlich, dass Kinder bereits in der Grundschule ein eigenes Handy haben! Die sollten lieber erst einmal richtig schreiben und lesen lernen, bevor sie sich mit dem Handy vergnügen!

☐ **Opa Störtz**: Zu meiner Zeit gab es noch gar keine Handys. Wir haben eben viel an der frischen Luft gespielt. Das geht natürlich verloren, wenn Kinder Spiele auf ihrem Handy spielen.

☐ **Monika Störtz (14 Jahre):** Ich finde es gut, dass Jugendliche ein Handy haben. So können sie mit ihren Eltern in Kontakt bleiben und auch mal anrufen, wenn die Schule früher aus ist oder sonst irgendwas ist. Allerdings sollte man ein Handy mit einer Guthaben-Karte nehmen, sonst könnte es mit der Rechnung böse Überraschungen geben.

☐ **Adrian Störtz (10 Jahre):** Ich finde ein Alterslimit überflüssig. Mir macht es riesigen Spaß, neue Klingeltöne herunterzuladen und mit meinen Freunden zu tauschen.

☐ **Tante Hildegard:** Ich finde eine Altersbeschränkung für Handys gut. Gerade junge Menschen lassen sich leichter von verbotenen Dingen wie z. B. Gewaltvideos faszinieren. Hier hilft das Alterslimit, den Trend einzuschränken, solche Darstellungen gegenseitig zu tauschen.

☐ **Vater Störtz:** Es ist wichtig, dass gerade die jungen Leute lernen, mit einem Handy umzugehen. Heutzutage entwickelt sich die Technik so schnell, da muss man schon dranbleiben!

Überzeugend argumentieren: Der Aufbau einer Argumentation

> **!** Nur wer stichhaltig argumentiert, wird andere überzeugen können. Eine vollständige **Argumentation** besteht aus mindestens **drei Teilen:** Behauptung (Meinung), Begründung und Beispiel:
> Ein Alterslimit für Handys ist sinnvoll, weil gerade ein Handy für Jugendliche leicht zur Schuldenfalle werden kann. Ein Zwölfjähriger, der zum Beispiel zehn Euro im Monat an Taschengeld hat, kann sich das teure Telefonieren mit einem Handy gar nicht leisten.

2 *Was fällt dir zum Thema „Soll es ein Handyverbot für Jugendliche unter 16 Jahren geben?" ein? Überlege dir selbst Argumente für (pro) und gegen (kontra) ein solches Handyverbot.*

für (pro) Handyverbot	gegen (kontra) Handyverbot
______	______
______	______
______	______
______	______
______	______

3 *Formuliere eine vollständige Argumentation zur Frage: „Soll es ein Handyverbot für Jugendliche unter 16 Jahren geben?" Stelle eine Behauptung auf, begründe sie durch ein Argument und notiere ein anschauliches Beispiel, das dein Argument verdeutlicht.*

Behauptung: ______

______

______

Begründung: ______

______

______

______

______

Beispiel: ______

______

______

______

______

4 *Lies die folgenden Texte aufmerksam durch. Markiere (⌈), wo ein neuer Argumentationsschritt beginnt, und unterstreiche in jedem Text die Behauptung rot, die Begründungen (Argumente) blau und die Beispiele grün.*

1) Thema: „Soll es ein Handyverbot für Jugendliche unter 16 Jahren geben?"

Es wäre gut, wenn Handys erst ab 16 Jahren benutzt werden dürften. Jugendliche sind experimentierfreudig und erschließen sich neue Handyfunktionen auch in der Clique. So werden sie schnell mit den Gefahren der Handynutzung konfrontiert. Ein Gesichtspunkt, der für ein Alterslimit für Handys spricht, sind die hohen Kosten, die durch die Handynutzung entstehen. Gerade Jugendliche können die Kosten, die im Zusammenhang mit dem Handy aufkommen, oft nicht einschätzen und landen dann in der Schuldenfalle. Kostenverursacher können zum Beispiel SMS-Nummern sein, mit denen Klingeltöne und Spiele bestellt werden, oder auch TV-Gewinnspiele, an denen sich die Zuschauer per Handy beteiligen. Ein noch wichtigeres Thema in diesem Zusammenhang sind die so genannten „Snuff-Videos" (Videos mit brutalen Inhalten), die Jugendliche auf ihren Handys speichern und die dann auf Schulhöfen kursieren. Solche Videos motivieren Jugendliche dazu, selbst Gewalttaten zu begehen, um diese mit dem Handy zu filmen. Sie prügeln und verletzen dabei schwächere Personen oder zwingen Mitschüler zu erniedrigenden Handlungen. Diese Handyvideos werden auch dazu benutzt, um Mitschüler zu bedrohen und zu erpressen. So hat der Medienpädagoge Professor Thomas von der Twer jetzt in einer Studie festgestellt, dass es vor allem Jugendlichen zwischen 12 und 16 Jahren sichtlich mehr Vergnügen macht, einen unliebsamen Mitschüler zu demütigen oder gar zu quälen, wenn dies per Handy gefilmt wird und später noch anderen Personen gezeigt werden kann.

2) Thema: „Soll es ein Handyverbot für Jugendliche unter 16 Jahren geben?"

Es ist durchaus zu befürworten, dass bereits Jugendliche unter 16 Jahren ein Handy besitzen und auch benutzen dürfen. Gerade das Handy hat den Alltag von Jugendlichen stark verändert und unterstützt sie in vielfältiger Weise. Sowohl Eltern als auch Kinder fühlen sich sicherer, wenn das Kind ein Handy dabeihat. „Mein Handy gibt mir Schutz", sagte eine Schülerin aus der 7. Klasse, als sie danach gefragt wurde, warum ihr das Handy so wichtig sei. „Ich kann jederzeit meine Eltern anrufen, sie können mich erreichen, egal, wo ich bin." Darüber hinaus sind gerade jüngere Leute wenig mobil und auf ihre Eltern als Bring- und Abholservice angewiesen, da sie weder Auto- noch Mofaführerschein haben oder sich im Grundschulalter noch nicht trauen, alleine mit öffentlichen Verkehrsmitteln zu fahren. „Ich habe zwei Mal in der Woche Fußballtraining", sagt der 13-jährige Ruben aus München. „Manchmal spielen wir nach dem Training einfach noch ein bisschen weiter. Weil ich ein Handy habe, kann ich dann meinem Vater einfach Bescheid sagen, wenn wir fertig sind, und er braucht nicht auf mich zu warten. Als ich noch kein Handy hatte, war das nicht so leicht."

5 *Untersuche die Argumentationskette in den beiden Texten noch einmal genau. Mit welchen **Verknüpfungswörtern** (Konjunktionen) werden die Argumente und Beispiele verbunden und mit welchen **sprachlichen Wendungen** wird zum nächsten Argumentationsschritt übergeleitet? Umkreise diese.*

6 *Welches Argument aus den beiden Texten überzeugt dich am meisten? Schreibe es mit deinen Worten auf.*

Stoffsammlung und Gliederung: Argumente und Beispiele zum Thema finden

Wenn du die bisherigen Aufgaben auf den Seiten 27–29 bearbeitet hast, fällt es dir nun sicherlich leicht, selbst eine begründete Stellungnahme zur Frage „Soll es ein Handyverbot für Jugendliche unter 16 Jahren geben?“ zu schreiben.

7 *Lege dir eine* ***Stoffsammlung*** *für deine Stellungnahme an:*

a) Entscheide zuerst, ob du für oder gegen ein Handyverbot für Jugendliche unter 16 Jahren bist, und schreibe dann deine Behauptung (Meinung) pro ***oder*** *kontra auf.*

b) Notiere drei Argumente (Begründungen) und drei Beispiele in der Tabelle, die deine Behauptung stützen. Nutze dafür auch die passenden Informationen aus den jeweiligen Texten von Seite 29.

Thema: Soll es ein Handyverbot für Jugendliche unter 16 Jahren geben?

Behauptung (Meinung):

Begründungen (Argumente)	**Beispiele**

8 *In deiner Stellungnahme solltest du die Argumente nach dem Steigerungsprinzip anordnen, d. h., das weniger wichtige Argument stellst du an den Anfang, das wichtigste führst du am Schluss aus. Dadurch bleibt dem Leser dein stärkstes Argument am besten in Erinnerung. Gewichte deine Argumente, indem du sie entsprechend ihrer Reihenfolge von 1 bis 3 nummerierst. Das schwächste Argument bekommt die Ziffer (1), das stärkste die Ziffer (3).*

9 *Entwerfe mit Hilfe deiner Stoffsammlung eine Gliederung für den* ***Hauptteil*** *deiner Stellungnahme. Schreibe deine Gliederungspunkte in Stichpunkten oder in kurzen Sätzen auf. Schreibe in dein Heft.*

TIPP

Gliederungsmuster

A. Einleitung
B. Hauptteil
  I. erstes Argument
  II. zweites Argument
  III. drittes Argument
C. Schluss

Die Argumentation ausformulieren

> **!** Wenn deine Argumentation überzeugen soll, dann musst du die Zusammenhänge deines Argumentationsgangs auch sprachlich gut darstellen, indem du Argumente und Beispiele sinnvoll verknüpfst und geschickt zum nächsten Gedankengang überleitest. Dabei können dir die Formulierungshilfen in der unten stehenden Tabelle nützlich sein.

10 *Die folgenden Sätze bilden noch keine überzeugende Argumentation, weil die Argumente und Beispiele unverbunden nebeneinanderstehen. Überarbeite die Sätze und verbinde sie zu einer Argumentationskette, sodass die Zusammenhänge deutlich werden. Hierbei kannst du auch die Sätze umstellen. Schreibe in dein Heft. Die Formulierungen in der unten stehenden Tabelle helfen dir dabei.*

Thema: Soll es ein Handyverbot für Jugendliche unter 16 Jahren geben?

Der Besitz eines Handys sollte erst ab dem 16. Lebensjahr erlaubt sein.

Die Finanzierung eines eigenen Handys ist mit 16 Jahren besser zu bewerkstelligen.

Mit 16 gibt es schon die Möglichkeit, durch einen Gelegenheitsjob selbst Geld zu verdienen. Die Jugendlichen können die anfallenden Handykosten bezahlen.

Das Institut für Jugendforschung ermittelte, dass jeder Zehnte zwischen 13 und 16 Jahren in Deutschland durchschnittlich 150 Euro Schulden hat. Stark zugenommen hat dabei der Anteil an Handyschulden.

Die Strahlung, die ein Handy aussendet, ist sehr gefährlich. Besonders Kinder und Jugendliche sind hier betroffen. Ihr Nervensystem ist noch nicht vollständig entwickelt. Die Medizinprofessorin Birgit Volk von der Universität Bonn kommt in ihrer Studie zu dem Ergebnis: „Je jünger ein Kind ist, desto größer ist die Gefährdung durch Handystrahlung."

Einleitungen und Überleitungen	Formulierungen für Begründungen/Beispiele
Eine wichtige Rolle spielt ...	Das zeigt ...; Dies belegt ...
Ein weiterer Gesichtspunkt ist ...	zum Beispiel; beispielsweise
Hinzu kommt noch ...	Wie das Beispiel zeigt ...
Noch wichtiger aber ist, dass ...	Aus eigener Erfahrung kann ich sagen, dass ...
Der wichtigste Punkt ist ...	daher, deshalb, sodass, dass, infolgedessen, demzufolge
Außerdem lässt sich noch anführen ...	zudem, außerdem, auch, ebenso, ferner, sowie, so
Aus diesem Grund ...	deshalb, da, weil, daher, denn, nämlich

Einleitung und Schluss schreiben

!

Zu einer Stellungnahme gehören neben der Argumentation im Hauptteil auch Einleitung und Schluss.
- Die **Einleitung** soll in das Thema bzw. die Fragestellung einführen, das Interesse für das Thema wecken und zum Hauptteil (der Argumentation) überleiten. Für die Einleitung gibt es verschiedene Möglichkeiten, z. B.: ein persönliches Erlebnis, ein aktuelles Ereignis, eine Redensart oder ein Sprichwort etc.
- Der **Schluss** rundet das Thema ab. Du kannst hier noch einmal deine Meinung (Behauptung) bekräftigen, einen Vorschlag für die Zukunft geben oder an den Gedanken in deiner Einleitung anknüpfen.

11 *a) Lies die folgenden Einleitungen und unterstreiche, mit welchem Satz jeweils zum Hauptteil übergeleitet wird.*
b) Notiere, welche Einleitungsmöglichkeit jeweils gewählt wurde. Nimm dazu den obigen Merkkasten zu Hilfe.
c) Formuliere selbst eine Einleitung für deine Stellungnahme. Schreibe in dein Heft.

Einleitungsmöglichkeit: ______________________________

Neben Gesprächen und Textmitteilungen sind es vor allem die Extras, die beim Handy Geld kosten. Das musste auch eine Freundin von mir feststellen, die sich verschiedene Klingeltöne heruntergeladen hatte und dann eine Handyrechnung von 65 Euro bekam. Da ein Handy leicht zu Schulden führen kann, möchte ich zeigen, weshalb ich der Meinung bin, dass man erst ab 16 Jahren ein Handy besitzen sollte.

Einleitungsmöglichkeit: ______________________________

Nach dem Handyverbot an bayerischen Schulen wurde vor Kurzem in einem Artikel der „Süddeutschen Zeitung“ die Frage gestellt, ob man Handys generell erst ab einem Alter von 16 Jahren freigeben sollte. Da ich selbst mit 13 Jahren schon oft von den Vorzügen des Handys profitiert habe, kann ich mich nur gegen ein solches Verbot aussprechen. Die Gründe werde ich im Folgenden ausführen.

12 *a) Lies die folgenden Schlussteile durch und unterstreiche, was du verbessern würdest. Schreibe deine Verbesserungsvorschläge in die Zeilen daneben.*
b) Schreibe selbst einen Schluss für deine Stellungnahme zum Thema „Soll es ein Handyverbot für Jugendliche und Kinder unter 16 Jahren geben?“ Schreibe in dein Heft.

Wie schon gesagt finde ich Handys gut. Hierfür spricht	______________________________
besonders, dass die Eltern einen anrufen können.	______________________________
Ein kurzer Anruf kann viel Ärger und Zeit ersparen.	______________________________
	______________________________
Da viele nicht die Kosten im Blick haben, die durch	______________________________
ein Handy entstehen können, kann ich nur abraten.	______________________________
Das ist meine Meinung und dazu stehe ich.	______________________________
	______________________________

13 *a) „Soll es ein Handyverbot für Jugendliche unter 16 Jahren geben?“ Nimm schriftlich Stellung zu diesem Thema. Nutze hierfür deine Stoffsammlung von Seite 30 und die Formulierungshilfen von Seite 31. Schreibe in dein Heft.*
b) Überarbeite deine Stellungnahme mit Hilfe der Checkliste von Seite 34.

Fit für die Schulaufgabe: Eine begründete Stellungnahme schreiben

Folgender Arbeitsauftrag wurde in einer Schulaufgabe gestellt:
Immer mehr Menschen suchen den Nervenkitzel bei Extremsportarten, z. B. beim Bungee-Springen. Begründe in einer schriftlichen Stellungnahme, was du von diesem Freizeitvergnügen hältst.

1 *Lege eine Stoffsammlung an. Sammle hierfür in deinem Heft Gründe, die dich für das Bungee-Springen begeistern könnten, und Gründe, die dich davon abhalten könnten.*

Gründe für (pro) Bungee-Springen	Gründe gegen (kontra) Bungee-Springen
– Angst überwinden	– hohes Risiko, z. B. Verletzungsgefahr
– ...	– ...

2 *Informiere dich mit Hilfe des folgenden Textes über das Thema Bungee-Springen und ergänze dann deine Stoffsammlung aus Aufgabe 1.*

Bungee-Springen: Kick und Fun?

Das Bungee-Springen ist eine moderne Extremsportart, bei der man von einer Plattform (z. B. speziellen Kränen) oder einem hohen Gebäude (z. B. Brücken) im freien Fall in die Tiefe stürzt und nur durch ein elastisches Seil, das am Körper des Springers und der Absprungplattform befestigt ist, abgefedert wird. Beim Bungee-Springen handelt es sich um eine spektakuläre, aber relativ sichere Extremsportart. Schwere Unfälle oder gar Todesfälle sind selten, aber nie ganz auszuschließen. Zur technischen Sicherheit wird die Ausrüstung durch den TÜV kontrolliert.
Einschränkend muss allerdings gesagt werden, dass sich eine bestimmte Gefahr aus der Tatsache ergibt, dass sich der Springer kopfüber in die Tiefe stürzt. Das Blut schießt beim Abbremsen in den Kopf und der dadurch entstehende Druck kann sich schädlich auf die Organe des Körpers auswirken. So können z. B. die Augen bei einem solchen Sprung geschädigt werden. Auch beim so genannten „Rebound" (Hochschleudern des Springers nach dem ersten Fall) können Abschürfungen, Prellungen oder Striemen durch die Berührung mit dem Seil entstehen. Vor allem das Gesicht und der Hals sind besonders empfindlich und müssen in dieser Phase des Sprunges durch vor das Gesicht gehaltene Unterarme geschützt werden. Diese Haltung verhindert auch, dass sich das Seil um den Hals schlingen kann und so zu gefährlichen oder gar tödlichen Verletzungen führt.
Verletzungsgefahr besteht in manchen Fällen ebenfalls, wenn der Springer beim Einsetzen der Verzögerung durch das Seil falsch ausgerichtet ist. Es kann dann zu einer peitschenden Bewegung des Körpers kommen mit der Folge von Verletzungen der Wirbelsäule oder der Fußgelenke. Optimal ist es, wenn der Körper möglichst senkrecht ausgerichtet ist, mit dem Kopf nach unten.
Es bestehen also durchaus Risiken. Durch verantwortungsbewusste Veranstalter, richtiges Verhalten der Springer und das Beachten eventueller Vorschäden können ernste Folgen aber vermieden werden.

3 *Stelle deine Behauptung pro oder kontra Bungee-Springen auf.*

4 *Ordne jetzt deine Stoffsammlung. Gehe folgendermaßen vor:*
a) Überlege, welche Punkte deiner Stoffsammlung sich als Argumente eignen und welche sich als Beispiele verwenden lassen. Markiere diese.
b) Überprüfe, ob deine Stoffsammlung vollständig ist.
- ☐ *Hast du für jedes Argument ein passendes Beispiel?*
- ☐ *Welches Argument ist besonders überzeugend? Lege eine Reihenfolge für deine Argumente fest, das stärkste Argument stellst du an den Schluss.*

5 *Lege eine Gliederung für deine Stellungnahme an. Schreibe deine Gliederungspunkte in Stichworten oder kurzen Sätzen auf. Schreibe in dein Heft.*

Gliederungsbeispiel
A. Immer mehr Menschen suchen körperliche Herausforderungen.
B. Ich lehne das Bungee-Springen ab.
I. ...
II. ...
III. ...
C. Es bleibt ein Restrisiko.

6 *Schreibe nun deine begründete Stellungnahme.*
a) Führe in der Einleitung in das Thema ein, zu dem du Stellung nimmst.

- Vor ein paar Tagen war ich ...
- Im Fernsehen ist immer öfter die Rede von ...
- Zu Zeiten unserer Großeltern war es undenkbar, dass ...
- Heftig umstritten ist in letzter Zeit ...

b) Formuliere den Hauptteil aus.
- ☐ *Vertrete deine Meinung mit Argumenten und anschaulichen Beispielen.*
- ☐ *Achte darauf, die Zusammenhänge deiner Argumentation auch sprachlich gut darzustellen, indem du Argumente und Beispiele sinnvoll verknüpfst und geschickt zum nächsten Gedankengang überleitest. Nutze dazu auch die Formulierungshilfen von Seite 31.*

c) Schreibe den Schluss, indem du deine Meinung noch einmal bekräftigst oder einen Vorschlag machst.

- Aus den angeführten Gründen kann man sehen, ...
- Ich bin dafür, dass ... Trotzdem sollte man bedenken, dass ...
- Meiner Meinung nach sollte ...

7 *a) Überarbeite deine Stellungnahme mit Hilfe der unten stehenden Checkliste (ab Punkt 6).*
b) Kontrolliere zum Schluss noch einmal, ob deine Gliederung mit deinem Aufsatz übereinstimmt. Passe gegebenenfalls deine Gliederung deinem Aufsatz an.

☑ Checkliste: Eine begründete Stellungnahme schreiben

Vorbereitung · Vorbereitung

- ☐ **1. Aufgabe klären:** Lies die Aufgabenstellung genau durch und kläre das Thema.
- ☐ **2. Behauptung aufstellen:** Welche Meinung vertrittst du zum Thema? Formuliere eine Behauptung.
- ☐ **3. Stoffsammlung anlegen:** Sammle überzeugende Argumente und anschauliche Beispiele für deine Behauptung.
- ☐ **4. Stoffsammlung ordnen:**
  - Welche Punkte deiner Stoffsammlung eignen sich als Argumente, welche als Beispiele? Markiere die Punkte entsprechend.
  - Ist deine Stoffsammlung vollständig? Hast du für jedes Argument ein passendes Beispiel?
  - Welches Argument ist besonders überzeugend? Lege eine Reihenfolge für deine Argumente fest, das stärkste Argument stellst du an den Schluss.
- ☐ **5. Gliederung anfertigen:** Erstelle eine Gliederung für deine Stellungnahme.

Schreiben der Stellungnahme

- ☐ **6. Begründete Stellungnahme schreiben:**
  - Führe in der **Einleitung** in das Thema ein, zu dem du Stellung nimmst.
  - Formuliere den **Hauptteil** aus:
    - Vertrete deine Meinung mit Argumenten und anschaulichen Beispielen.
    - Achte darauf, die Zusammenhänge deiner Argumentation auch sprachlich gut darzustellen, indem du Argumente und Beispiele sinnvoll verknüpfst und geschickt zum nächsten Gedankengang überleitest. Nutze dazu die Formulierungshilfen auf Seite 31.
  - Schreibe den **Schluss,** indem du deine Meinung noch einmal bekräftigst oder einen Vorschlag machst.
- ☐ **7. Überprüfe** zum Schluss noch einmal, ob deine **Gliederung** mit deinem Aufsatz übereinstimmt. Passe gegebenenfalls deine Gliederung deinem Aufsatz an.

Eine begründete Stellungnahme in Form eines Leserbriefes schreiben

Eine begründete Stellungnahme (▷ S. 27–34) kann auch in Form eines Leserbriefes abgefasst werden. **In einem Leserbrief** wendest du dich an eine Zeitung oder eine Zeitschrift und nimmst **zu einem Problem oder einer strittigen Frage Stellung.** Dabei stellst du eine Behauptung (Meinung) auf, die du mit Begründungen (Argumenten) stützt und durch passende Beispiele veranschaulichst. Der Aufbau eines Leserbriefes unterscheidet sich nicht von dem eines **sachlichen Briefes.**

In diesem Kapitel wiederholst du,

- wie ein Leserbrief aufgebaut ist,
- wie du deine Meinung durch überzeugende Argumente und Beispiele begründest und
- wie du deine Argumentation sprachlich überzeugend gestaltest.

1 *Lies dir den folgenden Leserbrief genau durch.*

(1) Theodor Tierlieb
Fasanenweg 12
84320 Biedermannshausen

(2) Biedermannshausen, 20. 6. 2008

(3) Süddeutsche Zeitung
Redaktion: Leserbriefe
Sendlinger Str. 8
80331 München

(4) **Stellungnahme zum Artikel „Wenn Haustiere zur Plage werden" vom 19. 6. 2008**

(5) Sehr geehrte Damen und Herren,

(6) mit Bestürzung habe ich gestern in Ihrer Zeitung den Artikel „Wenn Haustiere zur Plage werden" gelesen, in dem beschrieben wird, wie viele Haustiere einfach verwahrlosen oder gar ausgesetzt werden. Gerade Familien schaffen sich häufig Tiere als Spielzeug für ihre Kinder an. Deshalb bin ich der Meinung, dass man grundsätzlich keine Tiere an Familien mit Kindern verkaufen sollte.

(7) Kinder wünschen sich oft Tiere, mit denen sie noch gar nicht richtig umgehen können. Hamster, zum Beispiel, sind nachtaktiv und möchten nicht tagsüber einfach aus dem Käfig genommen und geknuddelt werden. Weil Kinder dies aber gerne tun, werden diese Tiere oft nicht alt oder sie werden von den Kindern schnell verletzt. Dazu kommt, dass in den Städten viele Familien kaum Platz in den Wohnungen für ihre Kinder haben, geschweige denn noch für Tiere. Wenn diese aber nicht artgerecht gehalten werden, können sie mit der Zeit sehr aggressiv werden, weil sie sich dann irgendwann nicht mehr anders gegen ihre klägliche Situation zu wehren wissen. Erst kürzlich war in der Zeitung zu lesen, dass eine Familie in einer Zweizimmerwohnung in Nürnberg einen Rottweiler hielt, der den kleinen zweijährigen Jungen der Familie zu Tode biss.
Noch wichtiger aber ist, dass Kinder noch gar keine Verantwortung für ein Haustier übernehmen können. Es wird oft übersehen, dass Haustiere über sehr viele Jahre tagtäglich Pflege, Aufmerksamkeit und Zeit beanspruchen und dass dies Kinder einfach nicht leisten können. Die anfängliche Begeisterung meines Enkels über den neuen Hund legte sich beispielsweise auch sehr schnell. Heute trifft sich mein Enkel lieber mit Freunden und geht kaum noch mit dem Hund spazieren.

(8) Ich kann nur davon abraten, Kindern ein Haustier zu kaufen. Tiere sind vom Umtausch ausgeschlossen. Das ist den meisten Familien jedoch leider noch nicht klar.

(9) Mit freundlichen Grüßen

(10) Theodor Tierlieb

2 *Sachliche Briefe haben eine bestimmte äußere Form. Mache dir noch einmal klar, aus welchen Bausteinen ein sachlicher Brief besteht, und suche für die Angaben 1–10 des Leserbriefes jeweils ein passendes Stichwort. Die unten stehenden Informationen helfen dir dabei.*

Unterschrift	Anrede	Schluss	Anschrift des Empfängers	Einleitung
Grußformel	Bezug/Betreffzeile	Absender	Ort und Datum	Hauptteil

1 = Absender ____________ 6 = ____________

2 = ____________ 7 = ____________

3 = ____________ 8 = ____________

4 = ____________ 9 = ____________

5 = ____________ 10 = ____________

3 *a) Untersuche nun den inhaltlichen Aufbau des Leserbriefes: Welche Meinung vertritt Theodor Tierlieb in seinem Leserbrief und mit welchen Argumenten und Beispielen belegt er seine Meinung?*

- ☐ *Markiere die Behauptung (Meinung), die Theodor Tierlieb aufstellt, rot.*
- ☐ *Markiere die Begründungen (Argumente) blau und die Beispiele grün.*

b) Ergänze nun mit Hilfe deiner Markierungen die folgende Tabelle. Notiere in Stichworten, welche Meinung Herr Tierlieb vertritt und welche Argumente und Beispiele er dafür anführt.

Behauptung (Meinung): ____________

Argumente (Begründungen)	Beispiele
1.	
2.	
3.	

4 *Untersuche nun auch, wie Herr Tierlieb die Einleitung und den Schluss des Leserbriefes gestaltet hat. Ergänze folgende Satzanfänge:*

In der Einleitung ____________

Am Schluss ____________

Stoffsammlung und Gliederung: Argumente und Beispiele zum Thema finden

Folgender Arbeitsauftrag wurde in einer Schulaufgabe gestellt:
Schreibe als Reaktion auf den Leserbrief von Herrn Tierlieb (▷ S. 35) einen Leserbrief, in dem du den Standpunkt vertrittst, dass es Tieren in Familien mit Kindern sehr gut geht.

5 *Lege zuerst eine Stoffsammlung für deinen Leserbrief an.*
a) Notiere in Stichworten, welche Gesichtspunkte dafürsprechen, dass es Tieren in Familien mit Kindern sehr gut geht. Ergänze dazu den folgenden Cluster:

b) Überprüfe die Punkte in deinem Cluster: Streiche die Punkte, die nicht zu deiner Behauptung passen, und ergänze, welche weiteren Punkte dafürsprechen, dass es Tieren in Familien mit Kindern sehr gut geht.

!

Beim Argumentieren versuchst du, deine Meinung überzeugend zu begründen. Du stellst eine **Behauptung** (Meinung) auf, die du durch **Begründungen** (Argumente) stützt und durch **Beispiele** (Beispiele aus eigener Erfahrung, Belege oder Zitate) veranschaulichst.
Eine **Argumentation** besteht immer aus mindestens drei Teilen: **Behauptung, Begründung** und **Beispiel.**
Die Qualität deiner Argumente entscheidet darüber, ob deine Meinung überzeugend wirkt.

6 *Ordne deine Stoffsammlung von Seite 37.*
a) Unterstreiche die Punkte aus deiner Stoffsammlung, die du als Begründungen (Argumente) verwenden kannst, blau und die Punkte, die sich als Beispiele eignen, grün.
b) Ergänze nun die folgende Tabelle mit den Punkten aus deiner Stoffsammlung.

Behauptung (Meinung): Tieren geht es in Familien mit Kindern sehr gut

Begründungen (Argumente)	**Beispiele**
☐	
☐	
☐	

7 *a) Überprüfe, ob deine Stoffsammlung vollständig ist. Hast du für jedes Argument ein passendes Beispiel gefunden? Ergänze gegebenenfalls deine Stoffsammlung.*
b) Gewichte deine Argumente und trage in die Kästchen Ziffern ein: Das schwächste Argument bekommt die Ziffer (1), das stärkste die Ziffer (3).

TIPP
In deinem Leserbrief solltest du das stärkste Argument an den Schluss stellen, weil es dadurch dem Leser am besten in Erinnerung bleibt.

!

In der **Einleitung** deines Leserbriefes stellst du knapp dar, worauf du dich beziehst (z. B. auf einen Artikel in einer Zeitung oder einen anderen Leserbrief) und was deine Meinung zum Thema ist.
Zum **Schluss** deines Leserbriefes kannst du deine Meinung noch einmal bekräftigen oder einen Vorschlag für die Zukunft machen.

8 *Notiere dir Stichpunkte für die Einleitung und den Schluss deines Leserbriefes.*

Einleitung: ______________________________

____

____

Schluss: ______________________________

____

____

!

Bevor du deinen Leserbrief schreibst, solltest du eine **Gliederung** entwerfen. Eine solche Gliederung gibt wie eine Art Bauplan den Aufbau und die wichtigsten Inhalte des Leserbriefes wieder. Die Gliederungspunkte werden entweder in Stichworten oder in kurzen Sätzen aufgeschrieben.

TIPP

Gliederungsmuster
A. Einleitung
B. Hauptteil
   I. erstes Argument
   II. zweites Argument
   III. drittes Argument
C. Schluss

9 *Erstelle mit Hilfe deiner geordneten Stoffsammlung von Seite 38 und deiner Ergebnisse aus Aufgabe 8 eine Gliederung für deinen Leserbrief.*

A. Stellungnahme zum Leserbrief von Herrn Tierlieb vom 20. 6. 2008 und zu seiner Meinung, dass Tiere nicht an Familien mit Kindern verkauft werden sollten.

B. Tieren geht es in Familien sehr gut.

I. ______________________________

____

____

____

____

____

____

____

Die Argumentation ausformulieren

Die Überzeugungskraft deines Leserbriefes hängt auch von der sprachlichen Gestaltung deiner Argumentation ab. Wichtig ist, dass du die Zusammenhänge deiner Argumentation deutlich machst, indem du die Argumente und Beispiele verknüpfst und geschickt zum nächsten Argument überleitest.

10 *Die folgenden Bausteine für eine Argumentation sind durcheinandergeraten. Außerdem stehen die Sätze noch ohne Verknüpfungen und Überleitungen unverbunden nebeneinander.*
Formuliere die Sätze zu einer sinnvollen Argumentation aus. Stelle dabei auch die Sätze um. Du kannst zwei Argumentationsschritte bilden. Nutze hierfür auch die Formulierungshilfen am Rand. Schreibe in dein Heft.

- Familien haben auch tagsüber Zeit, sich um das Haustier zu kümmern.
- Dann lernen Kinder sehr schnell, gewissenhaft mit dem Tier umzugehen.
- Im Gegensatz zu berufstätigen, kinderlosen Erwachsenen.
- Kinder entwickeln durchaus ein Verantwortungsgefühl für ihr Haustier.
- Kinder beschäftigen sich nach der Schule mit dem Hund und gehen stundenlang mit ihm spazieren oder toben mit ihm im Garten herum.
- Hunde von kinderlosen Erwachsenen sind oft den ganzen Tag allein und müssen bis zum Abend auf Abwechslung warten.
- Es trifft nicht zu, dass Kinder keine Verantwortung für Tiere übernehmen können.
- Eltern sollten anfangs ein bisschen helfen und Tipps zur Pflege und Haltung des Tieres geben.

- Ein weiterer Gesichtspunkt
- Ein besonders wichtiger Punkt
- Man muss auch sagen
- Der wichtigste Punkt ist
- Aus eigener Erfahrung kann ich sagen
- zum Beispiel
- beispielsweise
- denn, deshalb, aber, da, weil, außerdem, denn
- Dagegen
- Wenn ..., dann

11 *Schreibe nun den vollständigen Leserbrief in dein Heft. Nutze hierfür auch deine Stoffsammlung von Seite 38 und deine Gliederung von Seite 39. Achte auf die richtige äußere Form des Leserbriefes (▷ S. 35–36).*

a) *Fasse in der Einleitung kurz zusammen, worum es geht. Schreibe in der Überleitung zum Hauptteil, welche Meinung du vertrittst, zum Beispiel:*
Herr Tierlieb vertritt in seinem Leserbrief ...
Als ... bin ich der Meinung ...

b) *Schreibe nun den Hauptteil, indem du deine Argumente ausformulierst. Mache den Zusammenhang deiner Argumentation durch sinnvolle Verknüpfungen und Überleitungen deutlich. Der Wortschatzkasten auf dieser Seite hilft dir dabei.*

c) *Schreibe den Schluss, indem du noch einmal deine Meinung bekräftigst, einen Vorschlag machst oder an den Gedanken in deiner Einleitung anknüpfst.*
Ich meine also, dass es sehr vorteilhaft ist, ...
Anhand der dargelegten Gründe kann man sehen, wie viele Vorteile ...

12 a) *Überarbeite deinen Leserbrief mit Hilfe der Checkliste auf Seite 42.*

b) *Kontrolliere zum Schluss auch noch einmal, ob deine Gliederung mit deinem Aufsatz übereinstimmt. Passe gegebenenfalls die Gliederung deinem Aufsatz an.*

Fit für die Schulaufgabe: Eine begründete Stellungnahme in Form eines Leserbriefes schreiben

Folgender Arbeitsauftrag wurde in einer Schulaufgabe gestellt:
Die Berliner Kinderrechtsgruppe K. R. Ä. T. Z. Ä. (**K**inder**RÄ**ch**T**s**ZÄ**nker) fordert jedes Jahr mit Aufklebern alle Schüler auf, ihre Zeugnisse in den Müllereimer zu schmeißen. Damit will sie erreichen, dass Schulnoten abgeschafft werden. Was ist deine Meinung dazu? Sollten Schulnoten abgeschafft werden?
Schreibe einen Brief an die Kinderrechtsgruppe, in dem du drei Argumente darlegst. Die Adresse lautet: Kinderrechtsgruppe K. R. Ä. T. Z. Ä., Dunckerstr. 11, 10437 Berlin.

1 *Überlege zuerst, ob du für* ***oder*** *gegen die Abschaffung von Schulnoten bist. Formuliere dann deine Behauptung (Meinung):*

____

2 *Lege eine Stoffsammlung in deinem Heft an, in der du Gründe für deine Meinung (Behauptung) sammelst. Lege dazu entweder ein Cluster an oder notiere deine Gründe einfach untereinander:*

eigene Meinung (Behauptung): Ich bin für ...
Gründe, die dafürsprechen:
– Schulnoten ungerecht
– ...

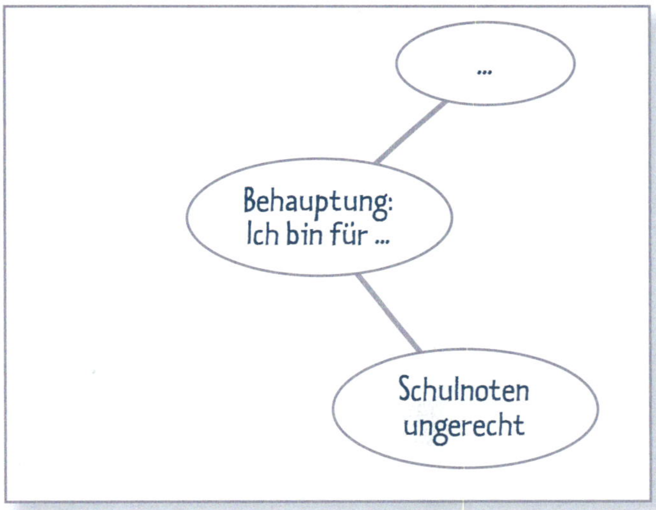

3 *Ordne jetzt deine Stoffsammlung.*
a) *Überlege, welche Punkte deiner Stoffsammlung sich als Argumente eignen und welche sich als Beispiele verwenden lassen. Markiere die Punkte entsprechend.*
b) *Überprüfe, ob deine Stoffsammlung vollständig ist.*
- ☐ *Hast du drei Argumente mit jeweils passenden Beispielen?*
- ☐ *Welches Argument ist besonders überzeugend? Lege eine Reihenfolge für deine Argumente fest, das stärkste Argument stellst du an den Schluss. Nummeriere deine Argumente der Wichtigkeit nach (1 = weniger wichtig, 2 = wichtig, 3 = sehr wichtig).*

4 a) *In der Einleitung deines Briefes stellst du knapp dar, worauf du dich beziehst und welche Meinung du vertrittst. Notiere dir in deinem Heft Stichpunkte für deine Einleitung.*
Im Internet bin ich auf die Seite der Kinderrechtsgruppe K. R. Ä. T. Z. Ä. gestoßen. Hier habe ich erfahren, dass ...
b) *Zum Schluss deines Leserbriefes kannst du deine Meinung noch einmal bekräftigen, einen Vorschlag für die Zukunft machen oder eine Forderung oder Bitte an die Kinderrechtsgruppe K. R. Ä. T. Z. Ä. richten. Mache dir Stichpunkte für den Schluss deines Leserbriefes. Schreibe in dein Heft.*
Aus den dargelegten Gründen bin ich der Meinung, dass ... Deshalb finde ich eure Aktion ... und

5 *Lege eine Gliederung in deinem Heft an. Schreibe deine Gliederungspunkte in Stichworten oder kurzen Sätzen auf.*

Gliederungsbeispiel
A. Ich bin durch das Internet auf K. R. Ä. T. Z. Ä aufmerksam geworden
B. Ich bin für ...
I. ...
II. ...
III. ...
C. ...

6 *Schreibe nun deinen Brief an die Kinderrechtsgruppe, in dem du darlegst, warum du für oder gegen die Abschaffung von Schulnoten bist. Schreibe in dein Heft.*

a) Sage in der Einleitung, worauf sich dein Brief bezieht.
- Vor ein paar Tagen war ich ...
- Im Fernsehen ist immer öfter die Rede von ...
- Heftig umstritten ist in letzter Zeit ...

b) Formuliere den Hauptteil aus.
- ☐ *Vertrete deine Meinung mit Argumenten und anschaulichen Beispielen.*
- ☐ *Achte darauf, die Zusammenhänge deiner Argumentation auch sprachlich gut darzustellen, indem du Argumente und Beispiele sinnvoll verknüpfst und zum nächsten Gedankengang überleitest. Nutze dazu die Formulierungshilfen auf Seite 40.*

c) Schreibe den Schluss, indem du deine Meinung noch einmal bekräftigst, einen Vorschlag machst oder eine Bitte oder eine Forderung formulierst.
- Aus den angeführten Gründen kann man sehen, dass ...
- Ich bin dafür, dass ... Deshalb möchte ich euch bitten, ...
- Meiner Meinung nach sollte ...

7 *a) Überarbeite deine Stellungnahme mit Hilfe der unten stehenden Checkliste.*
b) Kontrolliere zum Schluss noch einmal, ob deine Gliederung mit deinem Aufsatz übereinstimmt. Passe gegebenenfalls deine Gliederung deinem Aufsatz an.

☑ Checkliste: Begründete Stellungnahme in Form eines Leserbriefes

Einleitung:

- ☐ Sagst du in der Einleitung, worauf sich der Brief bezieht?
- ☐ Hast du eine klare Behauptung (deine Meinung) formuliert und zum Hauptteil übergeleitet?

Hauptteil:

- ☐ Hast du im Hauptteil deine Meinung mit Argumenten und anschaulichen Beispielen begründet?
- ☐ Ist deine Argumentation vollständig?
- ☐ Hast du die Zusammenhänge deiner Argumentation auch sprachlich gut dargestellt, indem du die Argumente und Beispiele sinnvoll verknüpft hast und geschickt zum nächsten Gedankengang übergeleitet hast (▷ Formulierungshilfen auf S. 40)?
- ☐ Stehen deine Argumente in der richtigen Reihenfolge, d. h., nennst du am Schluss dein wichtigstes Argument?

Schluss:

- ☐ Machst du am Schluss die Absicht deines Leserbriefs deutlich (z. B. eigene Meinung bekräftigen, Vorschlag, Forderung, Bitte)?

Zur äußeren Form des sachlichen Briefs:

- ☐ Verwendest du in deinem Brief alle Bausteine des sachlichen Briefes (▷ S. 35/36)?
- ☐ Trennen Leerzeilen die einzelnen Bausteine und ist dein Schriftbild ordentlich?
- ☐ Schreibst du die Anredepronomen der Höflichkeitsform („Sie“, „Ihnen“, „Ihre“, „Ihr“ etc.) groß? Oder schreibst du die Anredepronomen „du“/„Du“ bzw. „ihr“/“Ihr“ einheitlich klein oder groß?
- ☐ Hast du sachlich formuliert und sind Rechtschreibung und Zeichensetzung korrekt?

Referate halten

Ein Referat vorbereiten und halten

Ein Referat ist ein mündlicher Vortrag, in dem du deine Zuhörer über ein bestimmtes Thema informierst.
In diesem Kapitel übst du,
- wie du Informationen zu einem Thema findest,
- wie du dein Informationsmaterial auswertest und für ein Referat gliederst und
- wie du deine Ergebnisse angemessen vorträgst.

1. Schritt: Informationsmaterial zum Thema finden

Wenn du ein Referat über ein bestimmtes Thema hältst, bedeutet dies, dass du ein Experte auf diesem Gebiet bist und dich sehr gut auskennst. Dazu musst du dich aber erst einmal genau über dein Thema informieren. Hierfür kannst du verschiedene Informationsquellen nutzen.

Bücher
- Nachschlagewerke (z. B. Lexika)
- Fachbücher
- (Jugend-) Sachbücher
- Atlanten
- Reiseführer
- Jugendbücher, Biografien etc.

Zeitschriften/Zeitungen
- Fachzeitschriften
- Jugendzeitschriften
- Tageszeitungen

Internet und CD-ROMs
(Nachschlagewerke auf CD-ROMs)

Fachleute befragen

öffentliche Einrichtungen und Organisationen, z. B.:
- Umweltorganisationen
- Hilfsorganisationen
- Tierschutzorganisationen

1 *Markiere in der Übersicht, welche Informationsquellen du schon verwendet hast.*

2 *In eurer Schul- oder Stadtbibliothek kannst du dich über viele Themen informieren. Schreibe auf, welche Informationsquellen du zu welchem Zweck in einer Bibliothek schon genutzt hast.*

TIPP
Das meiste Informationsmaterial findest du in der **Schul-** oder in der **Stadtbibliothek.**
Du kannst dich auch in einer Buchhandlung informieren, dort musst du die Bücher aber kaufen.
Viele **Organisationen** und **Einrichtungen** haben eine Seite im Internet. Du kannst aber auch eine Anfrage an sie richten (z. B. per Brief oder E-Mail) und um Informationsmaterial bitten.

3 *Je nachdem, welches Referatsthema du hast, kommen unterschiedliche Informationsquellen in Frage. Lies dir die folgenden Referatsthemen durch und notiere, wo du dich am besten über diese Themen informieren kannst.*

TIPP
Das Internet alleine kann dir meist nicht genug und ausreichend gesicherte Informationen liefern!

Referatsthemen	Informationsquellen
Die Aktivitäten der Umweltschutzorganisation „Greenpeace"	
Nationalparks in Bayern	
Tierversuche	
Das Leben auf einer Burg im Mittelalter	

4 *Auf den folgenden Seiten sollst du ein Referat zum Thema* ***„Das Leben auf einer Burg im Mittelalter"*** *erstellen. Überlege dir zuerst, was dich und deine Zuhörer an diesem Thema besonders interessieren könnte. Stelle dazu W-Fragen zum Thema (Wer?, Wann?, Wo?, Warum? ...) und halte diese fest:*

Wer lebte auf einer Burg?

2. Schritt: Das Informationsmaterial auswerten

Material zum Thema **„Das Leben auf einer Burg im Mittelalter"** (aber auch zu anderen Themen) findest du in eurer Schul- oder Stadtbibliothek. Der folgende Text aus einem Sachbuch zum Thema „Mittelalter" könnte auch in eurer Bibliothek stehen.

Leben auf der Burg

Das Leben auf einer Burg war sicher weniger romantisch, als wir es uns heute vorstellen. Kühl und zugig muss es hinter den dicken Mauern gewesen sein. Nur wenige Räume waren beheizbar. Noch im 13. Jahrhundert gab es kaum Glasfenster, die Scheiben wurden mit Holzläden oder Tierblasen verschlossen. In Stroh und Spreu, mit dem man oft den Fußboden bedeckte, wimmelte es von Ungeziefer. Nachts waren Gänge und Treppen unbeleuchtet. Mobiliar gab es wenig: Man hatte Tische, Bänke und Truhen und – als einziges bequemes Möbel – das Bett.

Im frühen Mittelalter lebten die Menschen in ständiger Furcht vor Angriffen. Die Könige und ihre Fürsten suchten deshalb nach Möglichkeiten, sich und ihre Untertanen zu schützen. So ließen sie Burgen (Höhenburgen) errichten, von denen aus sie das Land überwachen konnten und die der Bevölkerung bei Ge-

fahr als Zufluchtsort dienten. Diese Burgen wurden an schwer angreifbaren Plätzen wie Hügeln errichtet. Eine andere Art von Burgen, die Wasserburgen, wurden an Flüssen erbaut, um die Handelswege zu überwachen. Schiffe, die den Fluss nutzten, mussten dann dem Burgherrn Zoll zahlen. Um die Burgen herum entstanden Dörfer. Wenn ein Angriff drohte, gab der Turmwächter den Menschen mit einem Signalhorn oder mit Alarmglocken ein Zeichen, sich mit Tieren und Vorräten hinter die Burgmauern zurückzuziehen.

Die beiden wichtigsten Bestandteile einer Burg waren der Bergfried (Wachturm) und der Palas (Wohngebäude). Je größer Rang, Ansehen und Reichtum eines Adligen waren, desto größer war seine Burg, die auch ein Symbol seiner Macht darstellte.

Das Wohngebäude einer Burg war folgendermaßen aufgeteilt: Im obersten Geschoss lagen die Wohnräume für die Familie des Burgherrn. Im ersten Stock befand sich meist ein großer Saal. Dort wurden die täglichen Mahlzeiten eingenommen, aber auch Feste, Zeremonien und Gerichtstage abgehalten. Darunter gab es noch mehrere Nutzräume und ganz unten befand sich der Vorrats- und Weinkeller. Im Wohngebäude lag meist auch die Burgkapelle, nur in größeren Burgen war sie in einem Extragebäude untergebracht.

Die Pferdeställe, die Schmiede und die Backstube sowie die Gesindehäuser, in denen die Waffenknechte und Handwerker, Diener und Mägde wohnten, reihten sich entlang der Burgmauer aneinander. Auch die Küche war wegen der Feuergefahr meist außerhalb des Wohngebäudes im Burghof untergebracht. Im Burghof gab es außerdem einen Gemüse- und Kräutergarten, manchmal auch Hühner- und Schweineställe sowie einen Brunnen. Das Burgtor war durch ein Fallgitter und eine Zugbrücke besonders stark geschützt. Die Burg überragte ein großer Wachturm, der Bergfried, von dem aus die Umgebung überwacht werden konnte. Er diente den Burgbewohnern auch als letzter Rückzugsort bei Angriffen und war nur über eine Leiter zu betreten, die bei Bedarf schnell entfernt werden konnte. In seiner Tiefe befand sich oft das Verlies.

Auf einer mittelalterlichen Burg lebten etwa 60 bis 80 Menschen: neben der Familie des Burgherrn vor allem Knechte und Mägde sowie Ritter und Soldaten zum Schutz der Burg. Der Burgherr kümmerte sich um die Verwaltung der Ländereien, sorgte für die Waffenausbildung seiner Männer und sprach bei Streitigkeiten unter den Bauern Recht. Die Burgherrin war in erster Linie für die Hauswirtschaft verantwortlich. Doch wenn ihr Mann in den Krieg zog, was oft genug vorkam, oblag ihr die gesamte Verwaltung. Sie überwachte die Arbeit der Knechte und Mägde und kümmerte sich um die Vorräte. Edelfrauen konnten oft besser schreiben, lesen und rechnen als ihre Männer. Sie waren es, die Bücher lasen und vorlasen oder Musikinstrumente wie Harfe oder Laute spielten. Ihre wichtigste Aufgabe war jedoch, für viele Kinder und damit Erben zu sorgen – über zehn Geburten waren keine Seltenheit.

Getreidebrei oder Brot, das in eine Mischung aus Wasser, Wein und Honig getunkt wurde – so sah oft das Frühstück der Burgbewohner aus. Zum Abendessen gab es vielleicht Bohnen mit Speck, Erbsbrei oder auch einmal einen Spießbraten. Die Speisen wurden in der Burgküche zubereitet. Fleisch briet man entweder am Spieß über dem Feuer oder kochte es in einem Kessel. Oft stammte es von älteren Tieren und war so zäh, dass es erst gekocht und dann gebraten werden musste, damit es weich wurde. Diese mühevolle Zubereitung hatte auch mit dem schlechten Zustand der Zähne zu tun: Richtig zubeißen konnten viele Ritter oft nicht mehr. Als Würze dienten Kräuter aus dem Burggarten: Minze, Petersilie, Raute, Salbei, Kerbel, Dill, Meerrettich, Zwiebel, Kümmel oder Liebstöckel. Bei Festmahlen kamen auch ausländische Gewürze wie Pfeffer, Zimt, Ingwer, Gewürznelken, Safran oder Muskatnuss in großen Mengen zum Einsatz. Sie waren sehr teuer und ihr verschwenderischer Gebrauch diente vor allem dazu, den Reichtum des Gastgebers zu demonstrieren. Nur Ehrengäste hatten eine eigene Essschüssel. Die gewöhnlichen Gäste teilten sich Schüssel und Trinkgefäß mit ihrem Nachbarn. In die Teller oder Tischmulden wurden als Unterlage dicke Brotscheiben gelegt, die die verschiedenen kräftigen Soßen aufsogen. Die Brotreste wurden dann nach dem Festmahl an die Armen und Bettler verteilt.

5 *Für dein Referat musst du dein Informationsmaterial, das du z. B. in der Bibliothek gefunden hast, auswerten und dir eine Stoffsammlung anlegen. Übe dies an dem Text „Leben auf der Burg". Gehe dazu folgendermaßen vor:*

- ☐ *Lies den Text und markiere dir im Text und mit einem Fragezeichen am Rand unbekannte oder unklare Begriffe. Schlage diese Begriffe anschließend im Lexikon nach und schreibe jeweils eine knappe Erklärung an Stelle des Fragezeichens an den Rand.*
- ☐ *Lies den Text ein zweites Mal und unterstreiche die wichtigsten Informationen. Notiere am Rand Stichwörter, sodass du den Text überblicksartig erfassen kannst.*
- ☐ *Gliedere den Text in Sinnabschnitte und finde für jeden Abschnitt eine treffende Überschrift. Schreibe in dein Heft.*
- ☐ *Überlege, welche Informationen für dein Kurzreferat wichtig sind, und fasse sie mit eigenen Worten stichpunktartig zusammen. Übernimm dabei die Überschriften als Gliederungspunkte. Schreibe in dein Heft, z. B.:*

Lebensbedingungen auf einer Burg im 13. Jahrhundert

- keine Heizung, keine richtigen Glasfenster (stattdessen Holzläden oder Tierblasen) → Kälte
- ...

6 *a) Welche Fragen zum Thema „Das Leben auf einer Burg im Mittelalter" konnte der Text nicht beantworten? Prüfe anhand deiner Fragen auf Seite 44 (▷ Aufgabe 4), was dich und deine Zuhörer noch interessieren könnte. Schreibe weitere Fragen, die du in deinem Referat beantworten könntest, in dein Heft.*

b) Suche dann in der Bibliothek nach weiterem Informationsmaterial zum Thema „Das Leben auf einer Burg im Mittelalter" (▷ wie du dich in der Bibliothek zurechtfindest, kannst du im Lösungsheft auf Seite 26 nachschlagen). Gehe bei deiner Suche folgendermaßen vor:

- ☐ *Überprüfe zuerst im Inhaltsverzeichnis des Buches, ob dir das Material etwas nutzt.*
- ☐ *Überfliege die Texte und überlege, ob sie interessante Informationen zum Thema enthalten.*
- ☐ *Leih dir zwei bis drei Bücher zu deinem Thema aus. Oder kopiere wichtige Texte für deine Materialsammlung, damit du sie zu Hause mit einem Stift bearbeiten kannst.*
- ☐ *Werte dein Informationsmaterial aus. Gehe dazu wie im folgenden Tippkasten beschrieben vor.*

Informationsmaterial auswerten: Eine Stoffsammlung anlegen
Für dein Referat musst du dein Informationsmaterial, das du z. B. in der Bibliothek gefunden hast, auswerten und dir eine Stoffsammlung anlegen. Gehe hierzu folgendermaßen vor:
1. Unklare Begriffe klären: Lies den Text und markiere dir mit einem Fragezeichen am Rand unbekannte oder unklare Begriffe. Schlage diese Begriffe anschließend im Lexikon nach und schreibe jeweils eine knappe Erklärung an Stelle des Fragezeichens an den Rand.
2. Wichtige Informationen erfassen: Lies den Text ein zweites Mal und unterstreiche die wichtigsten Informationen. Notiere am Rand Stichwörter, sodass du den Text überblicksartig erfassen kannst.
3. Text in Sinnabschnitte gliedern: Gliedere den Text in Sinnabschnitte und finde für jeden Abschnitt eine treffende Überschrift.
4. Wichtigsten Informationen zusammenfassen: Überlege, welche Informationen für dein Referat wichtig sind, und fasse sie mit eigenen Worten zusammen. Schreibe Sätze, die du wortwörtlich zitieren willst, heraus und notiere dir die Quelle (woher du das Zitat hast).

3. Schritt: Das Referat gliedern

> **!** In deiner Stoffsammlung hast du wichtige Informationen zum Thema zusammengetragen. Für dein Referat musst du nun die Informationen, die du vortragen möchtest, nach sachlichen Gesichtspunkten ordnen. Diese schriftliche Gliederung ist der „rote Faden" deines Referats.

7 *Erstelle nun den Hauptteil deines Referats zum Thema „Das Leben auf einer Burg im Mittelalter". Gehe so vor:*

- ☐ *Gliedere den Hauptteil deines Referats nach sachlichen Gesichtspunkten.*
- ☐ *Ordne dein Informationsmaterial den einzelnen Gliederungspunkten zu.*

Beispiel:

1. Lebensbedingungen auf einer Burg im 13. Jahrhundert

– keine Heizung, keine Glasfenster ...

– ...

2. Burgtypen: Gründe und geeignete Orte für den Bau einer Burg

a) Schutz vor Angriffen (Höhenburg)

→ Burg diente zur Überwachung und als Zufluchtsort für die Bevölkerung

→ lag auf Hügeln

b) Überwachung der Handelswege (Wasserburg)

→ ...

8 *Die **Einleitung** soll das Interesse deiner Zuhörer wecken.*

a) Überlege, welche der folgenden Einstiegsmöglichkeiten du für geeignet hältst. Kreuze an.

„So, hallo, ich halte jetzt ein Referat über Burgen."	☐ gut	☒ weniger gut	☐ schlecht
Folie oder Plakat von einer Burg zeigen	☒ gut	☐ weniger gut	☐ schlecht
Bild von einem Ritter, Vorwissen der Mitschüler erfragen	☐ gut	☒ weniger gut	☐ schlecht
Gliederungspunkte des Referats mit Folie präsentieren	☒ gut	☐ weniger gut	☐ schlecht
„Frau Maier hat gesagt, ich soll ein Referat halten."	☐ gut	☐ weniger gut	☒ schlecht

b) Notiere eigene Ideen für eine Einleitung:

____

____

____

9 *Der **Schluss** sollte noch einmal die wichtigsten Informationen zusammenfassen. Notiere eine Idee für die Gestaltung des Schlussteils in dein Heft. Du kannst*

- ☐ *wieder an die Einleitung anknüpfen. Zum Beispiel könntest du noch einmal ein Bild von einer Burg zeigen und fragen, welche Vorstellungen vom Leben auf der Burg deine Mitschüler nach deinem Referat ändern mussten.*
- ☒ *die wichtigsten Information noch einmal knapp zusammenfassen.*
- ☒ *einen Zettel mit Quizfragen zu deinem Referat austeilen.*
- ☐ *eine kleine Diskussion unter den Mitschülern anregen: Hättet ihr gerne auf einer mittelalterlichen Burg gelebt?*

4. Schritt: Anschauungsmaterial auswählen

Durch den Einsatz von Anschauungsmaterial wird dein Referat nicht nur abwechslungsreicher, sondern deine Zuhörer können sich die Informationen auch besser einprägen.

10 *Überlege, zu welchen Informationen deines Referats du welches Anschauungsmaterial präsentieren könntest. Notiere deine Ideen in deinem Heft und besorge bzw. erstelle selbst das Anschauungsmaterial, zum Beispiel:*

Hauptteil Punkt 2: Burgtypen
→ Bild einer Höhenburg
→ Bild einer Wasserburg
Hauptteil Punkt 3: Gebäude und Räume einer Burg
→ ...

Anschauungsmaterial
- Folie/Tageslichtprojektor
- Diaprojektor (Bildbeispiele)
- Tafel (Thema, Namen, Daten, Fachbegriffe)
- Plakate, Bilder, Poster, Skizzen
- Anschauungsobjekte (Modelle, Gegenstände etc.)

5. Schritt: Vortragskarten anfertigen

Dein Referat solltest du möglichst frei vortragen. Damit du aber in der Aufregung während des Vortrags nicht die Hälfte vergisst, fertigst du dir Stichwortkarten an. Dazu überträgst du die wichtigsten Informationen deines Referats auf Karteikarten.

11 *Erstelle für dein Referat Vortragskarten.*
Gehe folgendermaßen vor:
- ☐ *Nimm große Karteikarten, mindestens im Postkartenformat (DIN A6).*
- ☐ *Beschrifte die Karteikarten nur einseitig und achte auf eine gut lesbare Schrift.*
- ☐ *Notiere in einer bestimmten Farbe (z. B. rot), wann du welche Anschauungsmaterialien zeigen willst.*
- ☐ *Nummeriere deine Karteikarten in der entsprechenden Reihenfolge.*

Hauptteil Punkt 2 2
Burgtypen:
Gründe und geeignete Orte für den Bau einer Burg
a) Schutz vor Angriffen (Höhenburg)
→ Burg zur Überwachung und als Zufluchtsort für die Bevölkerung
→ lag auf Hügeln
b) Überwachung der Handelswege (Wasserburg)
→ Einnahmen durch Zollabgaben der passierenden Schiffe
→ lag an Flüssen
→ Bilder der Burgtypen zeigen (Diaprojektor)

6. Schritt: Der Vortrag des Referats

Bei deinem Referat solltest du deine Notizen nicht einfach vorlesen. Die Notizen sollen vielmehr eine Hilfe für das freie Sprechen sein. Deshalb musst du den Vortrag deines Referats üben.

12 *Nimm deine Vortragskarten, die du für dein Referat angefertigt hast, und übe den Vortrag.*
- ☐ *Formuliere zu den Stichpunkten mündlich ganze Sätze.*
- ☐ *Übe mehrmals und trage zum Schluss dein gesamtes Referat einer Freundin/einem Freund oder deinen Eltern vor. Vielleicht bekommst du hier noch Hinweise, was dir gut gelungen ist und was du noch üben solltest.*
- ☐ *Du kannst deinen Vortrag auch auf Kassette aufnehmen und ihn dir dann anhören. Was würde dich als Zuhörer stören, was war unverständlich? Diese Dinge musst du also noch verbessern.*

TIPP

Tipps für den Vortrag
- ☐ Sprich langsam und deutlich und versuche, Pausen zu machen.
- ☐ Blicke dein Publikum an, dann siehst du, ob es Zwischenfragen gibt.
- ☐ Versuche, möglichst frei vorzutragen.

Einen Deutschtest schreiben

> Zu Beginn der 8. Klasse wirst du einen Deutschtest schreiben. Dabei kannst du prüfen, wie sicher du in dem Fach Deutsch bist und wo du mit deinen Leistungen innerhalb der Klasse liegst. In diesem Kapitel lernst du einen solchen Deutschtest kennen.

Was ist ein Deutschtest?

Anders als bei den Schulaufgaben geht es bei dem Deutschtest nicht darum, einen Aufsatz zu schreiben, sondern du sollst hier dein Wissen im Fach Deutsch auf anderen Gebieten unter Beweis stellen. Der Deutschtest besteht aus **vier** Teilen:

1. Teil (Kompetenzbereich I):	Aufgaben zu einem vorgegebenen **Text** und einer **Tabelle** oder **Grafik,** die deine Lesefähigkeit und dein Textverständnis überprüfen
2. Teil (Kompetenzbereich II):	Aufgaben zur **Ausdrucksfähigkeit,** die deine sprachlichen Ausdrucksmöglichkeiten überprüfen
3. Teil (Kompetenzbereich III):	Aufgaben zur **Rechtschreibung und** zur **Zeichensetzung**
4. Teil (Kompetenzbereich IV):	Aufgaben zur **Grammatik**

Für jede richtig gelöste Aufgabe bekommst du Punkte. Daraus wird dann deine Note berechnet.

Wie kann ich mich vorbereiten?

Auf den Deutschtest, vor allem auf die Teile 3 (Rechtschreibung und Zeichensetzung) und 4 (Grammatik), kannst du dich vorbereiten.

Teil 3: Rechtschreibung und Zeichensetzung
- ☐ Groß- und Kleinschreibung
- ☐ Getrennt- und Zusammenschreibung
- ☐ Kommasetzung
- ☐ Dehnung, Schärfung, s-Schreibung (s, ss oder ß)

Teil 4: Grammatik
- ☐ Nebensätze bestimmen
- ☐ Satzglieder bestimmen
- ☐ Kasusbestimmungen
- ☐ Wortarten erkennen
- ☐ Aktiv und Passiv
- ☐ indirekte Rede

→

Übungsmöglichkeiten
- ☐ Wiederhole die Regeln im Schulbuch.
- ☐ Übe mit Hilfe des Schulbuchs und mit dem Arbeitsheft Deutsch.
- ☐ Nutze Übungen aus den Intensivierungsstunden.
- ☐ Du kannst auch deine Deutschlehrerin oder deinen Deutschlehrer bitten, dir Übungen zu den einzelnen Bereichen zu geben.

Wie kannst du mit der folgenden Einheit für den Deutschtest im nächsten Schuljahr üben?

Der Test überprüft auch Dinge, die du erst im Laufe des 7. Schuljahres kennen lernen wirst. Deshalb solltest du den folgenden Test (▷ S. 47–55) am Ende des 7. Schuljahres als Probelauf durcharbeiten. Gehe dabei folgendermaßen vor:
- ☐ Arbeite den gesamten Test durch.
- ☐ Nimm dir mindestens 5 Minuten Zeit, den Text auf Seite 50 zu lesen.
- ☐ Nimm dir 70 Minuten Zeit, um die Aufgaben (▷ 51–63) zu lösen.
  - Lies dir die Aufgabenstellung aufmerksam durch. Kläre genau, was gefragt ist.
  - Arbeite mit der Uhr. Bleibe nicht an einer Aufgabe „hängen“.
  - Löse am Schluss die Aufgaben, die du noch nicht bearbeitet hast.

Die Piktogramme (Zeichen) neben den Aufgaben bedeuten:

 Achte auf die Zeit, arbeite zügig!

 Achtung, schwierige Aufgabenstellung! Lies dir die Aufgabe noch einmal durch und denke genau nach.

Geheimer Verführer mit Stehvermögen

1 Dass seine Säulen einmal eine Gefahr für den Straßenverkehr sein würden, hätte Ernst Litfaß Mitte des 19. Jahrhunderts vermutlich nicht gedacht. Seit Neuestem führt die Verkehrsunfallstatistik aber auch Männer, die im Vorbeifahren durch Plakate attraktiver Frauen derart abgelenkt wurden, dass sie einen Unfall verursachten. Weitere Gefahren gehen aber wohl nicht aus von dem zwei Meter hohen Stummel, den Ernst Litfaß vor gut 150 Jahren erstmals in Berlin aufstellte und der später seinen Namen erhielt – die Litfaßsäule[1].

2 Ganz Berlin soll damals voll gewesen sein mit Plakaten und Anzeigen, Bürger und Politiker beschwerten sich über das unschöne Stadtbild. Da sah der Buchdrucker und Theaterspieler Ernst Litfaß in Paris eine Säule, die als Pinnwand diente, und beantragte, etwas Ähnliches in Berlin aufstellen zu dürfen. Am 1. Juli 1855 sahen erstaunte Passanten die ersten Säulen. Seitdem gilt Litfaß als Revolutionär der Außenwerbung in Deutschland. Mehr als 17 000 Exemplare stehen heute auf Plätzen und an Kreuzungen im Land. Die Litfaßsäule ging immer mit der Zeit: Die ersten baute Ernst Litfaß noch aus Holz, inzwischen sind die meisten aus Beton. Manchmal ist auch eine gusseiserne Version darunter, mit Beleuchtung, Drehmotor und Schaufenster. Vor ein paar Jahren entwickelte eine Frankfurter Softwarefirma sogar ein Exemplar, auf dem mittels Internet Spielfilmausschnitte gezeigt werden können.

3 Die neueste Art der Litfaßsäule kommt aus Berlin und ist digital. Sie ist zwei Meter hoch und 1,60 Meter breit, an ihrem Boden sind Projektoren befestigt, die Bilder über Spiegel an die Innenseite einer durchscheinenden Leinwand werfen. Per Computerprogramm sind diese Bilder so abgestimmt, dass der Betrachter glaubt, im Innern der Säule ein frei schwebendes, dreidimensionales Objekt zu sehen, um das er herumgehen kann – ideal zum Beispiel, um für Autos oder Architekturmodelle zu werben. Auf der Computermesse „Cebit" wurde dieses Wunder der Technik bereits vorgestellt, 60 000 Euro soll ein Exemplar einer solchen 3-D-Säule kosten. Beim Wissenschaftssommer in Berlin wurde mit Hilfe einer solchen Säule ein Versuch des Physikers Albert Einstein zur Krümmung des Raumes verbildlicht.

4 Aber der Betrachter braucht eine spezielle Brille, um das Objekt im Inneren der Säule dreidimensional sehen zu können, und außerdem muss er auch mit der 3-D-Säule verkabelt sein, damit ein Computer seine Position vor der Säule immer wieder neu berechnen kann – sonst stimmen Größe und Perspektive des Bildes nicht. Und so glaubt etwa Lydia Böttcher, Geschäftsführerin des Fachverbandes für Außenwerbung, dass die gute alte Litfaßsäule – sei sie aus Holz, Beton oder Eisen – „auch weiter ihren Platz in Deutschland" haben wird.

5 Die Litfaßsäule ist für viele auch Teil ihrer ganz persönlichen Erinnerung: Auf ihr wurde 1922 durch Waschmittelwerbung die erste Persil-Frau berühmt, wenig später haben sich die Kinder in Erich Kästners Jugendroman „Emil und die Detektive" darin versteckt und nach dem Zweiten Weltkrieg heftete das Rote Kreuz Vermisstenanzeigen daran. Dort informierten sich die Menschen auch, wo es Essensmarken gab und welche Geschäfte geöffnet hatten. Die Litfaßsäule kam aber auch zu Filmruhm: Regisseur Fritz Lang ließ in seinem Krimierfolg „Der dritte Mann" von 1949 den Schauspieler Orson Welles als Harry Lime durch eine Klapptür in einer Wiener Litfaßsäule hinab in die Kanalisation gelangen, ein idealer Fluchtweg für Übeltäter.

6 Manchmal wird sie auch zweckentfremdet verwendet, zum Beispiel als öffentliche Toilette. Sogar als Verkaufsraum wird sie genutzt; in polnischen Städten zum Beispiel sitzen Händler in den engen Säulen, schauen durch eine kleine Luke hinaus und bieten Süßigkeiten und Zeitschriften an. In Deutschland ist das nicht erlaubt, hier muss ein Arbeitsplatz eine „ausreichend große Grundfläche" haben, in der Regel acht Quadratmeter. Der Beliebtheit dieses Werbeträgers hat dies alles keinen Abbruch getan: Die Litfaßsäulen in den großen deutschen Städten sind auf Monate hin ausgebucht. Und seien wir ehrlich – ein Stadtbummel, ohne an einer Litfaßsäule vorbeizuflanieren? Undenkbar.

1 Die Regel, dass nach einem kurzen Vokal „ss" zu schreiben ist, findet in dem Wort „Litfaßsäule" keine Anwendung, weil es auf den Namen des Erfinders, des Buchdruckers „Ernst Litfaß", zurückgeht.

1. Teil (Kompetenzbereich I): Textzusammenfassung und Textverständnis — 32 Punkte gesamt

Aufgaben zum Text „Geheimer Verführer mit Stehvermögen“ (▷ S. 50) und zu einer Tabelle (▷ S. 54)

Aufgabe 1 — 6 Punkte

*Jeweils **einer** der folgenden Vorschläge erfasst den **Kerngedanken** eines ganzen Abschnitts aus dem Text „Geheimer Verführer mit Stehvermögen“ (▷ S. 50). Kreuze diesen an.*

Abschnitt 1 (▷ Z. 1–6)
- ☐ Litfaßsäulen: unerwartete Folgen
- ☐ Attraktive Frauen
- ☐ Unfälle im Straßenverkehr
- ☐ Werbung vor 150 Jahren

Abschnitt 2 (▷ Z. 7–17)
- ☐ Die Geschichte der Litfaßsäule
- ☐ Die Materialien der Litfaßsäule
- ☐ Die Entdeckung der Litfaßsäule
- ☐ Die Stadtverschönerung durch Litfaßsäulen

Abschnitt 3 (▷ Z. 18–27)
- ☐ Litfaßsäulen – Wunder der Technik
- ☐ Vor- und Nachteile von Litfaßsäulen
- ☐ Litfaßsäulen – ein teures Vergnügen
- ☐ Weiterentwicklung der Litfaßsäule

Abschnitt 4 (▷ Z. 28–33)
- ☐ 3-D-Computer für Litfaßsäulen
- ☐ Vor- und Nachteile von Werbung auf Litfaßsäulen
- ☐ Holz, Beton oder Stahl
- ☐ Vor- und Nachteile moderner und traditioneller Varianten

Abschnitt 5 (▷ Z. 34–42)
- ☐ Wo Litfaßsäulen Aufmerksamkeit erzeugen
- ☐ Die Litfaßsäule als Filmstar
- ☐ Litfaßsäulen – vielseitige Verwendung und ruhmreiche Momente
- ☐ Persönliche Erinnerungen an die Waschmittelwerbung

Abschnitt 6 (▷ Z. 43–50)
- ☐ Litfaßsäulen in Polen
- ☐ Die Zukunft der Litfaßsäule in Deutschland
- ☐ Litfaßsäulen als Erfolgsmodell
- ☐ Die Litfaßsäule der Zukunft

Punkte

Aufgabe 2 — 3 Punkte

⚠ *Kreuze an, in welchen Abschnitten des Textes Produkte genannt werden, für die auf Litfaßsäulen Werbung betrieben wurde bzw. werden könnte.*

- ☐ Abschnitt 1
- ☐ Abschnitt 2
- ☐ Abschnitt 3
- ☐ Abschnitt 4
- ☐ Abschnitt 5
- ☐ Abschnitt 6

Punkte

Aufgabe 3 **4 Punkte**

Überprüfe die folgenden Aussagen anhand des Textes und überlege dann bei jeder Aussage, ob sie richtig ist, falsch ist oder mit Hilfe des Textes nicht überprüft werden kann.
Kreuze jeweils das Zutreffende an. Setze jeweils nur ein Kreuz.

	richtig	falsch	Angaben nicht im Text enthalten
Die traditionelle Litfaßsäule aus Holz oder Beton ist 1,60 Meter hoch.	☐	☐	☐
Die 3-D-Litfaßsäule ist zwar technisch beeindruckend, wird sich aber auf Grund des hohen Preises nicht durchsetzen.	☐	☐	☐
Erst mit der Litfaßsäule beginnt die Außenwerbung in Deutschland.	☐	☐	☐
Litfaßsäulen können auch für die Veranschaulichung wissenschaftlicher Theorien benutzt werden.	☐	☐	☐

Punkte

Aufgabe 4 **5 Punkte**

Was bedeuten die kursiv gedruckten Ausdrücke jeweils im Textzusammenhang? Kreuze das Zutreffende an.

a) In Zeile 3 wird von Plakaten mit „*attraktiven*“ Frauen gesprochen. Attraktiv bedeutet hier:

☐ jung ☐ hübsch ☐ berühmt ☐ begeistert

b) In Zeile 14 wird von einer gusseisernen „*Version*“ der Litfaßsäule gesprochen. Version bedeutet hier:

☐ Marke ☐ Fassung ☐ Variante ☐ Gruppe

c) In Zeile 30 ist von der „*Position*“ vor der 3-D-Säule die Rede. Position bedeutet hier:

☐ Haltung ☐ Blickrichtung ☐ Standort ☐ Standpunkt

d) In Zeile 42 wird von einem „*idealen*“ Fluchtweg gesprochen. Ideal bedeutet hier:

☐ rasch ☐ unbekannt ☐ vorbildlich ☐ perfekt

e) In Zeile 50 wird davon gesprochen, an einer Litfaßsäule „*vorbeizuflanieren*“. Vorbeiflanieren bedeutet hier:

☐ vorbeischlendern ☐ vorbeiwandern ☐ vorbeirennen ☐ vorbeihasten

Punkte

Aufgabe 5 **2 Punkte**

Kreuze an, wie man den jeweiligen Satz in Übereinstimmung mit dem Text sinnvoll fortsetzen kann. Setze **zwei** *Kreuze.*

Die Litfaßsäule wurde entwickelt,

☐ weil man so das wilde Plakatieren in den Städten in den Griff bekommen konnte.
☐ weil diese Säulen so zentral stehen, dass viele die Werbeplakate wahrnehmen.
☐ obwohl anfangs noch nicht klar war, wofür man sie heute benutzen kann.
☐ indem Ernst Litfaß eine Idee aus Paris aufgriff.
☐ um Menschen durch Plakatanschläge des Roten Kreuzes zu informieren.

Punkte

Aufgabe 6 **1 Punkt**

Am Ende des vierten Textabschnitts (▷ S. 50, Z. 33) steht ein Teil des Satzes in Anführungszeichen. Kreuze an, was diese Anführungszeichen hier signalisieren.

☐ Die Anführungszeichen sollen zeigen, dass sich Lydia Böttcher ihrer Sache absolut sicher ist.

☐ Die Anführungszeichen sollen zeigen, dass der Autor des Textes Lydia Böttcher selbst interviewt hat.

☐ Die Anführungszeichen sollen zeigen, dass diese Textstelle für Lydia Böttcher besonders wichtig ist.

☐ Die Anführungszeichen sollen zeigen, dass Lydia Böttcher das selbst so gesagt hat.

Punkte

Aufgabe 7 **1 Punkt**

Am Ende des sechsten Abschnittes (▷ Zeile 50) steht ein Fragezeichen. Kreuze an, was der Autor dieses Textes mit dem Fragezeichen hier beabsichtigt.

☐ Der Schreiber will den Leser dazu anhalten, die Wahrheit zu sagen.

☐ Der Schreiber will dem Leser etwas Neues mitteilen.

☐ Der Schreiber will dem Leser etwas ins Gedächtnis rufen.

☐ Der Schreiber will die Sympathie des Lesers gewinnen.

Punkte

Aufgabe 8 **5 Punkte**

Aus Sachtexten kann man nicht nur Informationen entnehmen, man kann auch untersuchen, ***wie*** *Sachtexte aufgebaut sind. Kreuze bei allen Aussagen das jeweils Zutreffende für den Sachtext „Geheimer Verführer mit Stehvermögen“ an.*

	richtig	**falsch**
Der erste Abschnitt (▷ Z. 1–6) soll vor allem das Vorwissen des Lesers ansprechen.	☐	☐
Der Text ist weitgehend chronologisch aufgebaut.	☐	☐
Der dritte (▷ Z. 18–27) und der vierte Abschnitt (▷ Z. 28–33) sind aufeinander bezogen.	☐	☐
In den Textabschnitten vier bis sechs (▷ Z. 28–50) wird das Thema „Werbung mit Litfaßsäulen“ nicht mehr behandelt.	☐	☐
Der zweite Textabschnitt (▷ Z. 7–17) und der fünfte Textabschnitt (▷ Z. 34–42) ergänzen sich.	☐	☐

Punkte

Die folgende Grafik zeigt, bei welchen Waren es für Kinder/Jugendliche wichtig ist, dass Markenprodukte (und nicht die meist billigeren „No-Name-Produkte“) gekauft werden, und wie hoch die Bereitschaft der Eltern ist, diese Markenwünsche zu erfüllen.

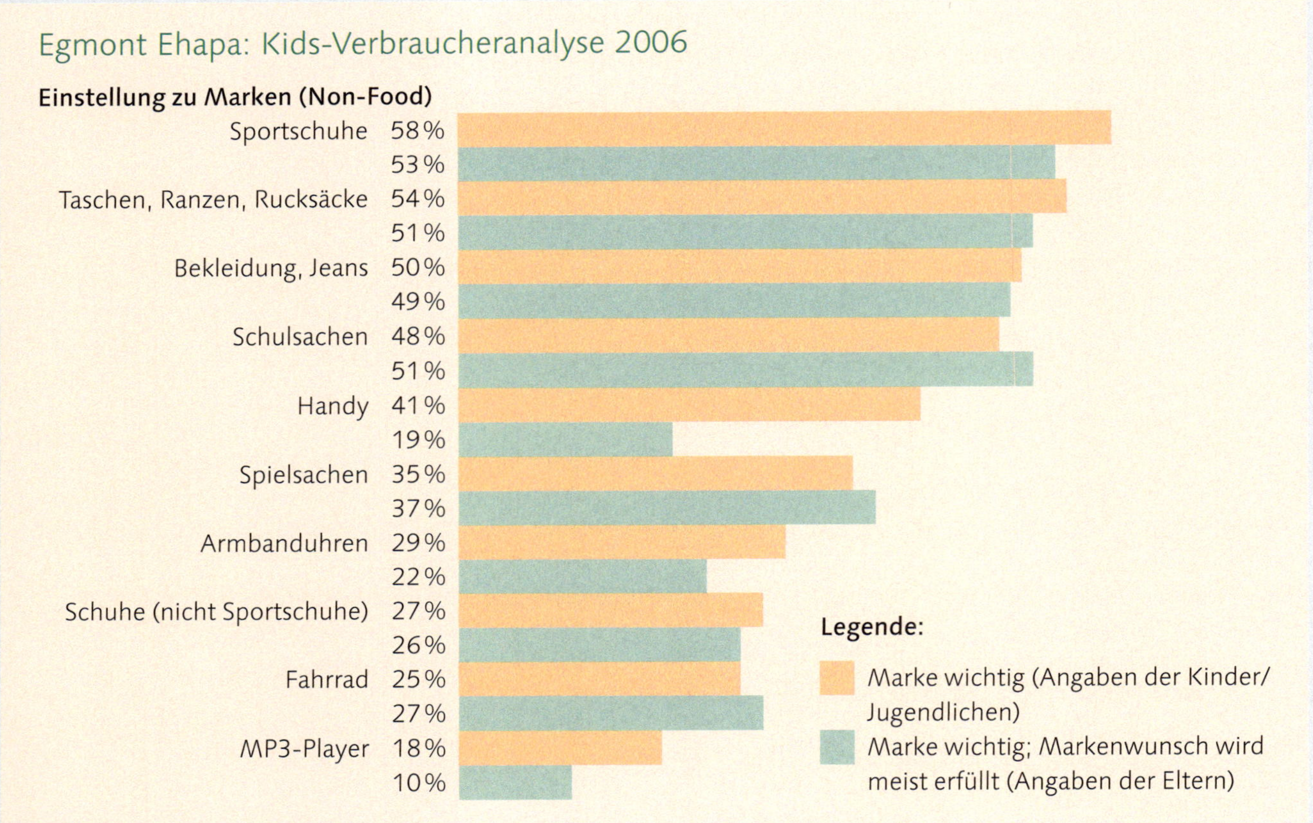

Aufgabe 9 **5 Punkte**

Entscheide anhand der oben stehenden Grafik bei jeder Aussage, ob sie richtig ist, falsch ist oder mit der Grafik gar nicht überprüft werden kann. Kreuze jeweils das Zutreffende an.

	richtig	falsch	Angaben in der Grafik nicht enthalten
Bei elektronischen Geräten legen die Eltern weniger Wert auf den Kauf eines Markenprodukts als die Kinder und Jugendlichen.	☐	☐	☐
Die Einstellung der Eltern zu Markenprodukten unterscheidet sich nie um mehr als 20 Prozent von der Einstellung der Kinder und Jugendlichen.	☐	☐	☐
Den Eltern ist, das zeigen die Zahlen zu „Schulsachen“, ein erfolgreicher Schulabschluss am Gymnasium etwas wichtiger als ihren Kindern.	☐	☐	☐
Nur in zwei von zehn Bereichen ist es den Eltern wichtiger als den Kindern und Jugendlichen, dass Markenprodukte gekauft werden.	☐	☐	☐
Betrachtet man die Zahlenwerte, so fällt auf, dass nur in dem Bereich „Bekleidung, Jeans“ der Markenwunsch bei Eltern und Kindern fast identisch ist.	☐	☐	☐

Punkte

2. Teil (Kompetenzbereich II): Aufgaben zur Ausdrucksfähigkeit — 41 Punkte gesamt

Aufgabe 10 — 5 Punkte

Der folgende Text enthält ***fünf*** *Ausdrucksfehler. Unterstreiche diese und verbessere sie in der Zeile daneben. Der Sinn des Textes darf dabei nicht verändert werden.*

Lediglich ein paar Sekunden Aufmerksamkeit

Von der Werbung, die das Fernsehen ausschickt, findet nur ein Bruchteil unsere Aufmerksamkeit, sodass wir sie bewusst annehmen. Sicherlich liegt das auch an der Steigerung der Werbesendungen, aber genauso ist festzuhalten, dass wir uns nicht allzu lange konzentrieren können und daher manches nicht registrieren. Das wissen auch die Werbefachleute und so konzipieren sie Werbung, die unterhält, erschreckt oder neugierig macht. Denn Aufmerksamkeit ist ein enges Gut, das mit der steigenden Summe der Medien immer weiter abnimmt. Nur ein paar Sekunden Aufmerksamkeit – das ist der maximale Preis, den ein Zuschauer für gute Werbung zu zahlen bereit ist.

Punkte

Aufgabe 11 — 7 Punkte

Ersetze die ***sieben*** *unterstrichenen Ausdrücke durch im Textzusammenhang bedeutungsgleiche Formulierungen und schreibe sie in die Zeile daneben.*

Auch die Werbung <u>unterliegt</u> den <u>Kräften</u> der Marktwirtschaft und wird <u>so</u> zu einem Gradmesser für die wirtschaftliche <u>Situation</u> in einem Land. Denn nur wenn die Unternehmen gut verdienen, haben sie auch genügend <u>Mittel</u> für Werbung. Wegen der schlechten Konjunktur in den Jahren 2001 und 2002 <u>verzeichnete</u> die Werbewirtschaft einen Rückgang von fünf Prozent; mittlerweile lassen sich höhere Werbeausgaben <u>prognostizieren</u>, weil auch die Wirtschaft in Deutschland wieder wächst.

Punkte

Aufgabe 12 **4 Punkte**

Kreuze an, durch welche Ausdrücke man die unterstrichenen Textstellen jeweils ersetzen kann, sodass der Sinnzusammenhang erhalten bleibt.

a) Der Psychologieprofessor behandelt das Thema „Werbung“ in seinem Vortrag.

- [ ] erörtert
- [ ] kritisiert
- [ ] streift
- [ ] erwähnt

b) Um von Werbung möglichst wenig beeinflusst zu werden, ist es natürlich wichtig, auch die Tricks der Werbemacher zu kennen.

- [ ] vermutlich
- [ ] selbstverständlich
- [ ] eventuell
- [ ] allgemein

Punkte

Aufgabe 13 **4 Punkte**

Kreuze an, welche Bedeutung für die jeweilige Redewendung zutreffend ist.

a) „Diese Werbeidee hat Hand und Fuß“, hofft der Abteilungsleiter

- [ ] ist durchdacht
- [ ] findet allgemeine Zustimmung
- [ ] hat zwei Seiten
- [ ] ist gut zu verwirklichen.

b) „Uns steht das Wasser bis zum Hals“, meint der Chef der Auftragsfirma.

- [ ] „Wir schwimmen bald im Geld.“
- [ ] „Wir sind bald wieder flüssig.“
- [ ] „Wir haben bald keine Geldmittel mehr.“
- [ ] „Wir sollten uns schnellstens etwas einfallen lassen.“

c) Die Werbekampagne war ein Schlag ins Wasser.

- [ ] musste aus Kostengründen eingestellt werden
- [ ] hat mit einem Schlag die Probleme gelöst
- [ ] hatte nicht den erhofften Erfolg
- [ ] wurde von vielen kritisiert

d) „Den Schuh müssen wir uns nicht anziehen“, betont der Werbefachmann.

- [ ] „Dafür ist der Auftraggeber der Werbung verantwortlich.“
- [ ] „Dafür müssen wir keine Verantwortung übernehmen.“
- [ ] „Dafür müssen wir uns nicht entschuldigen.“
- [ ] „Dafür brauchen wir uns nicht zu schämen.“

Punkte

Aufgabe 14 — 5 Punkte

Finde einen Ausdruck, der im jeweiligen Satz das ***Gegenteil*** *des unterstrichenen Wortes bedeutet, und schreibe ihn in die Zeile daneben.*

a) Die <u>ehemalige</u> Werbung für dieses Automodell war erfolgreich. ______________________

b) Die Werbekampagne wurde von vielen <u>angenommen</u>. ______________________

c) Darüber war der Firmenchef sehr <u>aufgebracht</u>. ______________________

d) Vor Gericht hat der Angeklagte den Werbebetrug <u>zugegeben</u>. ______________________

e) Dennoch wurde er <u>freigesprochen</u>. ______________________

Punkte

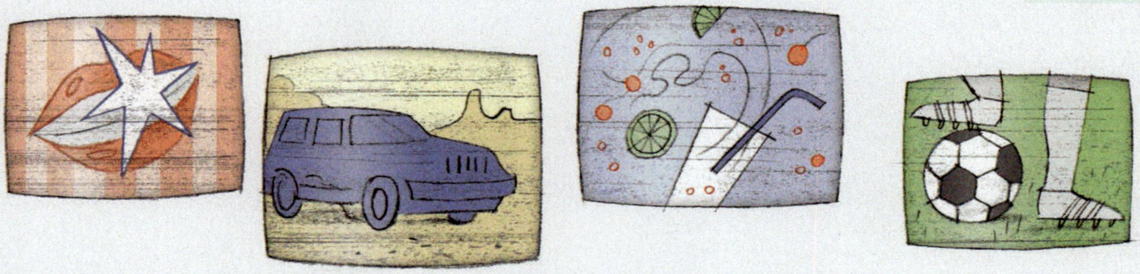

Aufgabe 15 — 4 Punkte

Im folgenden Sachtext finden sich ***vier*** *umgangssprachliche Formulierungen. Unterstreiche sie und ersetze sie in den Zeilen daneben durch sachliche Ausdrücke.*

Knapp 3000 Werbespots buhlen täglich im deutschen Fernsehen um die Aufmerksamkeit der Zuschauer – eine krasse Konkurrenz. Wer da einen Werbespot mit Prominenten, am besten mit einem bekannten und in letzter Zeit auch erfolgreichen Sportler, auf Lager hat, der hat die besten Erfolgschancen. Denn das Fernsehen ist, der Plakat-, Zeitschriften- und Radiowerbung zum Trotz, die wichtigste und erfolgversprechendste Art, ein Produkt zu pushen. Aber dafür benötigt man den richtigen Durchblick, denn Erfolg und Ruhm im Sport sind schnell vergänglich.

Punkte

Aufgabe 16 **7 Punkte**

Ersetze die unterstrichenen Fremdwörter in den folgenden Sätzen durch bedeutungsgleiche deutsche Ausdrücke.

Werbung manipuliert nicht nur die Konsumenten, sondern mancher Werbung gelingt es auch, Marken zu

etablieren. Wir sagen heute „Tempo“ und meinen Papiertaschentücher oder sprechen von „Maggi“, nicht

von Suppenwürze. Gelingt es, dass Markennamen und Firmenname identisch werden, ist der Werbeerfolg

gesichert. Allerdings scheint das gegenwärtig kaum mehr zu funktionieren. Daher werden Produkte heute in

einen sozialen Kontext eingebettet: Wenn wir ein bestimmtes Produkt kaufen, sollen wir zugleich glauben,

damit ein bestimmtes Lebensgefühl, z. B. Anerkennung, Bewunderung oder Zuneigung, erwerben zu können.

Werbung spielt momentan also stärker mit den Sehnsüchten der Menschen, als die Qualität des Produkts

herauszustellen.

Punkte

Aufgabe 17 **4 Punkte**

Ersetze die unterstrichenen Ausdrücke durch bedeutungsgleiche Fremdwörter.

Werbung spricht oft unsere eigensüchtigen Gefühle und Wünsche an: Wir wollen beeindrucken und uns auf

keinen Fall Schande und Spott zuziehen. Und dafür geben wir viel Geld aus, um immer teurere, edlere und

neuere Waren zu besitzen. Unsere Gefühle kosten uns also viel Geld!

Punkte

3. Teil (Kompetenzbereich III): Aufgaben zu Rechtschreibung und Zeichensetzung — 25 Punkte gesamt

Aufgabe 18 — 6 Punkte

Im folgenden Text sind 12 Rechtschreibfehler.
Unterstreiche die Fehlerworte und verbessere sie in der Zeile daneben.

Wen Historiker heute erzählen, das es Werbeschriften und -plakate schon 3000 Jahre vor Christus in Ägypten gab, darf man sich darunter keinen Dieter Bohlen im antiken Gewandt und mit einem Milchprodukt in der Hand vorstellen. Wann tatsächlich die ersten Geschäftsleute für Ihre Waren geworben haben, hängt davon ab, was genau man unter Werbung versteht. Ließt man die Definizion des Brockhaus-Lexikons nach, so umfast Werbung „alle Maßnamen zur Absazförderung". Dazu zählt viel mehr als unsere Heutige Werbung: römische Marktschreier ebenso wie 2000 jahre alte Steintafen, in die semitische Händler eine Lißte ihrer Waren gemeißelt hatten.

Punkte

Aufgabe 19 — 7 Punkte

Setze, wenn es notwendig ist, in die Lücken des folgenden Textes einen oder zwei Buchstaben ein. Beachte die korrekte Schreibung.

Anlä_____lich des 150-jährigen Jubil_____ums der Litfaßsäule im Jahr 2005 wurde eine Sonderbr_____fmarke mit dem Mot_____v der Litfaßsäule aufgelegt, die auch an Horst Litfaß, einen Nachko_____en von Ernst Litfaß, über_____eicht wurde. Auch eine Plakatka_____pagne wurde gestartet: Zu sehen i_____t eine Banane, darunter steht „Kiwi". Man nimmt Bild und Wort zuerst nur beil_____ufig auf, erkennt aber tro_____dem, da_____ beides nicht zusammenpa_____t. Es gibt de_____halb einen „Hingucker" – die Werbung fun_____tioniert also.

Punkte

Aufgabe 20 **6 Punkte**

Entscheide, ob die in Klammern geschriebenen Wörter ***groß- oder kleingeschrieben*** *werden.*
Setze den passenden Anfangsbuchstaben jeweils deutlich lesbar in die Lücke ein.

Englische Werbeslogans werden zwar oft gebraucht, sind aber für die __________(M/m)eisten deutschen Konsumenten häufig nicht nur unverständlich, sondern erregen zudem auch wenig Aufmerksamkeit, so eine Studie der Statistikerin Isabel Kick aus Dortmund. Bei einer Untersuchung wurde beim __________(A/a)bspielen von Wersprüchen der Hautwiderstand von Versuchspersonen gemessen. Das Ergebnis: Die deutschen Werbeslogans lösten stärkere Gefühlsreaktionen aus als die __________(E/e)nglischen. Als Hauptgrund hierfür vermutet Isabel Kick an erster __________(S/s)telle schlichte Verständnisprobleme. Eine aktuelle Studie bestätigte dies, denn sie zeigte, dass weniger als die __________(H/h)älfte der Deutschen die __________(E/e)nglischen Werbesprüche richtig übersetzen können. So scheiterten 85 Prozent der __________(B/b)efragten selbst an kurzen Slogans wie „Be inspired“ (Siemens mobile). Noch schlimmer fiel der Test bei den __________(A/a)nderen Sprüchen aus. So wurde der Slogan „Come in and find out“ (Douglas) im __________(A/a)llgemeinen mit „Komm rein und finde wieder heraus“ übersetzt. Wenn englischsprachige Werbung schon nicht korrekt verstanden wird, so könnte sie im __________(G/g)roßen und __________(G/g)anzen wenigstens Aufmerksamkeit erregen, so die Vermutung. Doch auch die emotionale Bindung gelingt offenbar kaum, da deutsche Slogans deutlich stärkere Gefühlsreaktionen bei den Versuchspersonen hervorriefen als englischsprachige Werbung. Bei solchen Ergebnissen liegt es nahe, dass die Werbetexter sich eines __________(B/b)esseren besinnen und zukünftig mehr auf deutschsprachige Slogans setzen.

Punkte

Aufgabe 21 **6 Punkte**

Setze in den folgenden Text die ***sechs fehlenden Kommas*** *deutlich erkennbar ein.*
Mehr als sechs Kommas ergeben null Punkte.

Den Kampf um die Aufmerksamkeit des Zuschauers immer wieder zu gewinnen das wird für die Werbefachleute und zwar nicht nur in Europa immer mehr zum Problem. Wenn die Verkaufszahlen eines Produktes stagnieren oder gar sinken werden enorme Geldsummen in eine Werbekampagne investiert die Erfolge in kürzester Zeit bringen muss und die oft über das Weiterbestehen eines Produktes oder sogar der ganzen Firma entscheidet. So entwickeln manche Werbefachleute enorm aggressive Werbung schrecken aber damit oft auch langjährige Kunden ab.

Punkte

4. Teil (Kompetenzbereich IV): Aufgaben zur Grammatik — 34 Punkte gesamt

Aufgabe 22 — 8 Punkte

Unterstreiche im folgenden Text alle Nebensätze und bestimme in der Zeile daneben, um welche Art von Nebensatz (Subjektsatz, Objektsatz, Adverbialsatz, Relativsatz) es sich jeweils handelt. Adverbialsätze sind genau (nach ihrer Funktion) zu bestimmen.

Werbungen überschreiten nicht nur regionale Grenzen, sondern oft auch die des guten Geschmacks und des Gesetzes. Häufig werden Frauen durch Werbung diskriminiert. In Deutschland hat jeder Bürger, der Werbung als frauenfeindlich oder als frauenverachtend empfindet, die Möglichkeit zur Beschwerde vor Gericht. Ob dieser Beschwerde aber stattgegeben wird und in welcher Form dies geschieht, muss von Fall zu Fall entschieden werden. Allerdings fürchten sich die Werbetreibenden manchmal auch vor Beschwerden, denn die könnten den Gesetzgeber auf den Plan rufen. Der könnte dann die Werbegesetze verschärfen und damit die Möglichkeiten der Werbebranche einschränken. Damit das nicht geschieht, wurde der Deutsche Werberat, ein freiwilliges Kontrollgremium der Werbebranche, ins Leben gerufen. Mit seinen Empfehlungen soll er garantieren, dass viele Beschwerden gar nicht erst aufkommen. Doch allzu groß scheint die Wirkung nicht zu sein: Im Jahr 2003, einem Jahr mit relativ wenig Werbung, kamen aus der Bevölkerung 606 Beschwerden, eine Abänderung eines Werbespots auf Anraten des Deutschen Werberates gab es aber nur in sieben Fällen.

Punkte

Aufgabe 23 — 6 Punkte

Bestimme bei den unterstrichenen Wörtern aus dem folgenden Text jeweils die Wortart. Pronomen müssen genau bestimmt werden. Verwende lateinische Fachbegriffe.

Mit dem Wirtschaftsaufschwung in den 1950er und 1960er Jahren erlebte auch die Werbung einen Boom. Aber <u>diese</u> Fernsehspots kommen uns heute <u>oft</u> einfallslos <u>und</u> kitschig vor: Das neue Auto, <u>das</u> Kind und Eltern anblicken, glänzt in der Abendsonne, der Mann steuert den Wagen später souverän auf der Autobahn, die Frau blickt ihn bewundernd von der Seite an. So ließe <u>sich</u> heute <u>nichts</u> mehr verkaufen.

diese: ____________________ oft: ____________________

und: ____________________ das: ____________________

sich: ____________________ nichts: ____________________

Punkte

Aufgabe 24 **6 Punkte**

Wandle die folgenden Sätze vom Aktiv ins Passiv bzw. vom Passiv ins Aktiv um. Achte darauf, nichts wegzulassen und im vorgegebenen Tempus zu bleiben.

a) In der zweiten Hälfte des 19. Jahrhunderts veränderte großflächige Anzeigenwerbung das Aussehen der allermeisten Tageszeitungen.

____

____

____

b) Bereits vorher hatten einige wenige Firmen mit zielgerichteter Zeitungswerbung spezielle Zielgruppen anzusprechen versucht.

____

____

____

c) Ab etwa 1900 werden die Zeitungsannoncen zunehmend von eigens ausgebildeten Werbegrafikern entworfen.

____

____

____

Punkte

Aufgabe 25 **8 Punkte**

Unterstreiche im folgenden Text alle Attribute (Satzgliedteile) und schreibe in die Zeile daneben, um welche Art des Attributs es sich jeweils handelt.

Graffiti kann man durchaus als eine Spielart der Wer- ______________________

bung sehen. Denn schließlich sind diese grellbunten ______________________

und auffallend platzierten Schriftzüge ein Zeichen da- ______________________

für, dass jemand unbedingt auf sich aufmerksam ma- ______________________

chen will. Nicht jedermann befürwortet Werbung ______________________

dieser Art und außerdem verursachen Graffiti beim ______________________

Entfernen enorme Kosten: Ein Verbot scheint also sinn- ______________________

voll und gerechtfertigt zu sein. ______________________

Punkte

Aufgabe 26 **4 Punkte**

Unterstreiche in jedem Satz das vorgegebene Satzglied ***vollständig.***

a) Im Laufe der folgenden Jahrzehnte sollte das Fernsehen als Werbemedium immer wichtiger und einflussreicher werden.

Prädikat

b) Nun mussten die Firmen nicht mehr um einen Sendeplatz im öffentlich-rechtlichen Fernsehen kämpfen, denn sie hatten durch die gerade entstandenen Privatsender die freie Auswahl, wo sie ihre aktuelle Werbung schalten wollten.

Temporaladverbiale (adverbiale Bestimmung der Zeit)

c) Werben kostet in Deutschland pro Jahr rund 30 Milliarden Euro, also gut ein Prozent des Bruttoinlandsproduktes.

Subjekt

d) Heute kommen aber nur wenigen Werbefirmen aus Europa und Amerika die Werbegelder der großen Firmen, etwa BASF, VW oder Siemens, zugute.

Dativobjekt

Punkte

Aufgabe 27 **4 Punkte**

Setze die folgenden Sätze in die indirekte Rede. Verwende die Umschreibung mit „würde" nur dann, wenn es sich nicht umgehen lässt.

In einem Interview äußerte sich der Kommunikationswissenschaftler und Werbeforscher Dr. Siegfried Schmidt folgendermaßen:

a) „Die ‚Geiz ist geil'-Werbung kann sogar für falsche Sparsamkeit, etwa bei der medizinischen Vorsorge, verantwortlich gemacht werden."

____

____

____

b) „Schließlich besitzen wir Menschen kaum noch eine Vorstellung davon, dass Geiz eigentlich eine der Todsünden darstellt."

____

____

____

Punkte

Autoren- und Textquellenverzeichnis

S. 3 u. **S. 5:** Christine Causse und Thierry Piantanida: Piraten. nach: Das Meer. Entdeckungsreise mit Fleurus. Fleurus Verlag, Köln 2002, S. 218–219;
S. 9: Wolfgang Tarnowski: Seeräuberei in Nord- und Oststee. aus: Seeräuber. Tessloff Verlag, Nürnberg 1982, S. 18–20;
S. 13: Wolfgang Koydl: Strandräuber auf Beutejagd. aus: Süddeutsche Zeitung, 23. 01. 2007;
S. 16: Das Märchen vom Sultan und den Musikanten. aus: Klaus Kordon: Die tausendundzweite Nacht und der Tag danach. Verlag Beltz & Gelberg, Weinheim 1992. S. 58–64;
S. 24: Thomas Fuchs: Die Welt ist ein Fahrrad. aus: Ders. Thienemann Verlag, Stuttgart 2002, S. 5–8

Bildquellenverzeichnis

S. 13: picture-alliance/dpa

Zu diesem Schulaufgabentrainer gibt es ein passendes Arbeitsheft (ISBN 978-3-464-60359-8) und das Grundwissen zum Nachschlagen (ISBN 978-3-464-60376-5).

Redaktion: Kirsten Krause
Bildrecherche: Eireen Junge

Illustrationen: Christiane Grauert
Umschlaggestaltung: Katrin Nehm
Layoutkonzept: Katharina Wolff
Layout und technische Umsetzung: werkstatt für gebrauchsgrafik, Berlin

www.cornelsen.de
Die Links zu externen Webseiten Dritter, die in diesem Lehrwerk angegeben sind, wurden vor Drucklegung sorgfältig auf ihre Aktualität geprüft. Der Verlag übernimmt keine Gewähr für die Aktualität und den Inhalt dieser Seiten oder solcher, die mit ihnen verlinkt sind.

1. Auflage, 3. Druck 2011

Druck: Himmer AG, Augsburg

ISBN 978-3-464-60388-8

Inhalt gedruckt auf säurefreiem Papier aus nachhaltiger Forstwirtschaft.

Gymnasium Bayern

Deutschbuch

Schulaufgabentrainer

Lösungen 7

Seite 3

1 *b) und* **3** *a) Die wichtigsten Informationen sind unterstrichen, die einzelnen Textabschnitte durch Absätze kenntlich gemacht.*

Christine Causse und Thierry Piantanida
Piraten (1)

Seit es Seefahrt und Seehandel gibt, gibt es Piraten, also schon seit über 3000 Jahren. Das Piratentum blühte vor allem dort, wo Handelsrouten durch Meerengen oder zwischen Inselgruppen hindurchführen – in Nord- und Ostsee ebenso wie im Mittelmeerraum oder in der Karibik.

Mit zunehmendem Seeverkehr und der Öffnung neuer Handelsrouten Richtung Asien und Amerika entwickelte sich zugleich die Blütezeit der Piraterie: Zwischen dem 16. und dem 18. Jahrhundert bedrohten Piraten die Handelsrouten, denn die Plünderung von Waren und die Erpressung der Passagiere stellten sich als sehr lukrativ heraus.

In kurzer Zeit bildeten sich verschiedene Formen der Piraterie: Während die „gewöhnlichen" Piraten selbstständig arbeiteten, unterstanden die Freibeuter ihrem König, der sie bewaffnete und offiziell autorisierte, auf Kaperfahrt zu gehen, das heißt, ausländische Handelsschiffe auszurauben oder zu versenken. Die Beute wurde zwischen den Seeräubern und deren Herrschern geteilt.

Im 19. Jahrhundert verlor die Piraterie aber an Bedeutung: Die neuen Dampfschiffe waren nicht mehr vom Wind abhängig, die Piratenjäger hatten nun also ein leichteres Spiel mit ihren Gegnern. Außerdem unterzeichneten die großen Seemächte der Welt 1856 einen Vertrag, in dem das Ausstellen von Kaperbriefen verboten wurde. Damit wurde die Freibeuterei im Namen der Krone verboten. Die Handelsschiffe wurden nun von einer Eskorte von Kriegsschiffen begleitet. Der Mittelmeerraum war jetzt kontrolliert und eine Vereinigung vorwiegend französischer Seeräuber begab sich in die Karibik.

Aus dem Buch: Das Meer

Seite 4

2 *zum Beispiel:*
Handelsroute (Z. 3): Handelsweg, Handelskurs
lukrativ (Z. 12): lohnend, Gewinn bringend
autorisieren (Z. 16): erlauben, berechtigen, bevollmächtigen, bewilligen, zulassen, gestatten
Eskorte (Z. 27): Begleitschutz, Geleit, Gefolge

3 *a) vgl. hierzu die Absätze im obigen Text*
b) zum Beispiel:
Zeile 1–6: Ursprünge und Verbreitung des Piratentums
Zeile 6–12: Blütezeit der Piraterie: 16.–18. Jahrhundert
Zeile 12–19: Formen der Piraterie: Piraten und Freibeuter
Zeile 19–30: Rückgang der Piraterie im 19. Jahrhundert

4 *Erst im 16. Jahrhundert entwickelt sich die Piraterie. (f)*
Die Könige unterstützen die Freibeuter. (r)
Im 19. Jahrhundert verändert sich die Piraterie grundlegend. (r)
Die Piraten bekämpfen sich oft gegenseitig. (n)

5 *zum Beispiel:*
a) Ein Pirat ist selbstständig und handelt auf eigene Verantwortung. Ein Freibeuter hat vom König die Erlaubnis, Schiffe auszurauben, und liefert dafür einen Teil seiner Beute ab.
b) Die neuen Dampfschiffe erleichtern die Jagd auf die Piraten. Außerdem einigen sich die Seemächte auf ein Verbot des Freibeutertums und die Handelsschiffe werden von Kriegsschiffen begleitet und vor Piraten beschützt.

6 *zum Beispiel:*
Das Piratentum existiert seit mehr als 3000 Jahren und entwickelt sich vor allem dort, wo Handelsrouten durch Meerengen oder Inselgruppen führen. Als neue Handelswege nach Amerika und Asien eröffnet werden, kommt es mit der Zunahme des Schiffsverkehrs zwischen dem 16. und dem 18. Jahrhundert auch zu einem Anstieg der Piraterie. Waren werden geraubt und Passagiere erpresst, um so auf leichte Art und Weise einen Gewinn zu erzielen.
Während die Piraten auf eigene Verantwortung tätig sind, handeln die so genannten Freibeuter im Auftrag ihrer Herrscher, die sie bewaffnen und ihnen offiziell erlauben, fremde Schiffe zu plündern. Im Gegenzug liefern die Freibeuter hierfür einen Teil ihrer Beute ab.
Im 19. Jahrhundert geht die Piraterie zurück, denn einerseits können durch die Entwicklung von Dampfschiffen die Piraten nun schneller verfolgt werden, andererseits einigen sich die Seemächte 1856 darauf, das Freibeutertum zu verbieten. Da zudem die Handelsschiffe von Kriegsschiffen begleitet werden und dadurch besser geschützt sind, ist der Mittelmeerraum für die Piraten nicht mehr Gewinn bringend, sodass sich ein Teil der Piraterie in die Karibik verlagert.

Seite 5

7 *Unbekannte Begriffe, die du klären müsstest, könnten z. B. folgende sein:*

- ☐ *ins Visier nehmen (Z. 1): als (Angriffs-)Ziel auswählen*
- ☐ *Distanz (Z. 4): Entfernung*
- ☐ *hissen (Z. 5): (die Fahne) am Fahnemast emporziehen, Flagge setzen*
- ☐ *Enterhaken (Z. 9): Stange mit einem Haken am Ende oder an einem Seil befestigter Wurfanker*
- ☐ *kapernd (36): raubend, (Schiffe) erobernd*
- ☐ *Legendenbildung (Z. 39): Entstehung von Erzählungen über eine berühmte Person*
- ☐ *kultivierte (Z. 43/44): pflegte*
- ☐ *Inbegriff (Z. 44): Ideal, Idealbild*
- ☐ *kapitulieren (Z. 46): aufgeben, sich ergeben*

Die wichtigsten Informationen sind unterstrichen.

Christine Causse und Thierry Piantanida
Piraten (2)

Wenn Piraten ihr Beuteschiff ins Visier nahmen, achteten sie darauf, sich so zu nähern, dass niemand Verdacht schöpfte. Grundsätzlich legte der Kapitän Wert darauf, so lange wie möglich auf Distanz zum Beuteschiff zu bleiben. Um seinen Feind zu täuschen, hisste er die gleiche Fahne wie die des begehrten Schiffes. Unmittelbar vor dem Zusammenstoß wurde die Fahne durch die Piratenflagge ersetzt: schwarz, mit einem Totenkopf, blutrot oder mit einem Skelett. Die Enterhaken, die über die Reling geworfen wurden, ermöglichten den Piraten, sich mit Säbeln und Pistolen voran an Bord zu schwingen. Sie griffen gelegentlich auch mit Kanonen an. Der Überraschungseffekt sorgte für Chaos unter den Soldaten, die mit dem Schutz der Passagiere und Waren beauftragt waren. Daher lag der Vorteil oft bei den Angreifern. Im Falle eines Sieges luden die Piraten die erbeuteten Schätze an Bord und ließen die Gefangenen in Seenot auf dem ausgeraubten Schiff zurück. Manchmal behielten sie das Schiff für sich selbst, töteten die, die sich widersetzten, und warfen sie über Bord.

Viele Piraten blieben uns in Erinnerung: Francis Drake (1540–1596), ein englischer Freibeuter, ließ die spanische Flotte erschaudern, vollbrachte dann die zweite Weltumsegelung und wurde für seine Verdienste von der englischen Königin zum Ritter geschlagen. Der Waliser Henry Morgan (1635–1688) war zuerst englischer Freibeuter, wurde später Piratenjäger, dann als Dank für seine Verdienste für die englische Krone in den Adelsstand erhoben und schließlich zum Gouverneur von Jamaika ernannt. Der schottische Pirat William Kidd (1645–1701) überfiel ab 1696 mehrere Schiffe im Indischen Ozean. Er wurde wegen Piraterie hingerichtet. Einer der wohl bekanntesten englischen Piraten des Karibischen Meeres war Edward Teach (1675–1718), besser unter dem Namen „Blackbeard" bekannt. Den Namen „Blackbeard" erhielt er wegen seines dichten schwarzen Bartes. Zu Beginn des 18. Jahrhunderts zog dieser Pirat kapernd und plündernd an der Atlantikküste Amerikas entlang und erbeutete rund 40 Schiffe. Seine schreckliche Erscheinung trug in hohem Maße zur Legendenbildung bei: Er war hoch gewachsen und stattlich, kämpfte mit mehreren Pistolen, Dolchen und einem Säbel bewaffnet und wurde vor allem wegen der brennenden Zündschnüre bekannt, die er vor einer Schlacht in seinen langen Bart band. Diese Erscheinung, die er selbst kultivierte, machte ihn zum Inbegriff des unerschrockenen Piraten, der so manchen Kapitän eines Handelsschiffs dazu brachte, ohne Gegenwehr zu kapitulieren.

Unter den Piraten gab es aber auch Frauen. Im Jahr 1530 griff die Irin Grace O'Malley die Schiffe des englischen Königs an und enterte diese auf Höhe von Irland. Im 17. Jahrhundert schlossen sich die Engländerin Mary Read und die Irin Anne Bonny (1685–1721) dem Piratenkapitän Jack Rackham an. Im Chinesischen Meer übernahm zu Beginn des 19. Jahrhunderts eine Seeräuberin das Kommando: Die Chinesin Ching Shih stand an der Spitze von 1500 Segelschiffen und 80 000 Männern.

Aus dem Buch: Das Meer

Seite 6

8 *a) Die einzelnen Sinnabschnitte sind im obigen Text durch Absätze kenntlich gemacht.*
b) zum Beispiel:

Schreibplan:

1. Abschnitt (Z. 1–19): Vorgehensweise beim Entern (Plündern) von Schiffen
- Piraten nähern sich zunächst unauffällig dem Beuteschiff; zur Täuschung wird die Fahne des Beuteschiffs gehisst
- erst kurz vor dem Angriff wird die Piratenflagge gehisst
- Überraschungseffekt sorgt für Chaos, sodass die Piraten oft im Vorteil sind
- mit Hilfe von Enterhaken gelangen die Piraten auf das zu kapernde Schiff
- Schiff wird geplündert und Besatzung zurückgelassen oder aber getötet, wenn das Schiff übernommen wird

2. Abschnitt (Z. 20–46): Berühmte Piraten
- berühmte Piraten: der Engländer Francis Drake (englischer Freibeuter, zweite Weltumsegelung, wird von englischer Königin zum Ritter geschlagen), der Waliser Henry Morgan (zuerst als englischer Freibeuter tätig, dann Piratenjäger, wird vom englischen König in den Adelsstand erhoben und schließlich zum Gouverneur von Jamaika ernannt) und der schottische Pirat William Kidd, der nach mehreren Überfällen hingerichtet wird
- einige Piraten werden hingerichtet, andere für ihre Dienste reich entlohnt
- besonderen Schrecken verbreitet Edward Teach, wegen seines schwarzen Bartes unter dem Namen „Blackbeard" bekannt; durch seine Furcht erregende Erscheinung ist er bis heute das Idealbild eines typischen Piraten

3. Abschnitt (Z. 47–55): Frauen unter den Piraten
- im 16. Jh. greift die Irin Grace O'Malley englische Schiffe an
- im 17. Jh. sind die Engländerin Mary Read und die Irin Anne Bonny bekannt
- im 19. Jh. befehligt die Chinesin Ching Shih eine Flotte von 1 500 Segelschiffen und 80 000 Männern

Seite 7

9 ***Autoren:*** *Christine Causse und Thierry Piantanida*
Titel des Textes: *Piraten*
Textart: *informierender Sachtext*
Quelle/entnommen aus: *Das Meer*
Thema des Textes: *Entstehung und Formen der Piraterie, Vorgehensweise beim Entern, berühmte Piraten*

10 *Der Text, den eine Frau und ein Mann zusammen verfasst haben, nämlich Christine Causse und Thierry Piantanida, hat den Namen „Piraten". Es sind Seiten aus einem Buch, in dem man etwas über das Meer lernen kann. Der Text erzählt vom Leben der Piraten und auch von berühmten Männern und Frauen.*

unwichtig
Titel
genauer angeben, worüber der Text informiert

Der vorliegende Text mit dem Titel „Piraten" ist dem Buch „Das Meer" entnommen. Er ist von Christine Causse ✓ verfasst und informiert über die Geschichte und Methoden der Piraterie sowie über bekannte Piraten und sogar Piratinnen

✓ zweiter Autor?

Seite 8

11 *zum Beispiel:*
- ☐ *Nachdem/weil/als sich die Seemächte auf ein Verbot der Piraterie geeinigt haben/einigen, werden Handelsschiffe von bewaffneten Kriegsschiffen geschützt.*
- ☐ *Einige Piraten setzen ihr Tun in der Karibik fort, da/weil der Mittelmeerraum für die Piraten nicht mehr Gewinn bringend ist.*
- ☐ *Zur Täuschung hisst das Piratenschiff die gleiche Flagge wie das zu kapernde Schiff, bevor diese kurz vor der Kaperung durch die Piratenflagge ersetzt wird.*
- ☐ *Obwohl Piraterie als Männergeschäft gilt, gibt es auch Frauen unter den Piraten.*

13 *zum Beispiel:*

Der vorliegende Sachtext mit dem Titel „Piraten" ist dem Buch „Das Meer" entnommen. Er ist von Christine Causse und Thierry Piantanida verfasst und informiert über die Geschichte und Methoden der Piraterie sowie über bekannte Piraten und sogar Piratinnen.
Das Piratentum existiert seit mehr als 3000 Jahren und entwickelt sich vor allem dort, wo Handelsrouten durch Meerengen oder Inselgruppen führen. Als neue Handelswege nach Amerika und Asien eröffnet werden, kommt es mit der Zunahme des Schiffverkehrs zwischen dem 16. und dem 18. Jahrhundert auch zu einem Anstieg der Piraterie. Waren werden geraubt und Passagiere erpresst, um so auf leichte Art und Weise einen Gewinn zu erzielen.
Während die Piraten auf eigene Verantwortung tätig sind, handeln die so genannten Freibeuter im Auftrag ihrer Herrscher, die sie bewaffnen und ihnen offiziell erlauben, fremde Schiffe zu plündern. Im Gegenzug liefern die Freibeuter hierfür einen Teil ihrer Beute ab.
Im 19. Jahrhundert geht die Piraterie zurück, denn einerseits können durch die Entwicklung von Dampfschiffen die Piraten nun schneller verfolgt werden, andererseits einigen sich die Seemächte 1856 darauf, das Freibeutertum zu verbieten. Da zudem die Handelsschiffe von Kriegsschiffen begleitet werden und dadurch besser geschützt sind, ist der Mittelmeerraum für die Piraten nicht mehr lohnend, sodass sich ein Teil der Piraterie in die Karibik verlagert.
Beim Entern von Schiffen versuchen die Piraten, sich dem Beuteschiff unauffällig zu nähern und den Überraschungseffekt auszunutzen. Zur Täuschung hissen sie gleiche Fahne wie das zu kapernde Schiff, bevor diese kurz vor der Kaperung durch die Piratenflagge ersetzt wird. Mit Hilfe von Enterhaken gelangen die Piraten auf das Schiff, plündern dieses und lassen die Besatzung entweder zurück oder töten sie, wenn das Schiff übernommen werden soll.
An einige berühmte Piraten erinnert man sich noch heute, wobei manche von ihnen hingerichtet und andere für ihre Dienste als Freibeuter reichlich entlohnt worden sind. Francis Drake, ein englischer Freibeuter, der die zweite Weltumsegelung bewältigt hat, ist zum Beispiel für seine Erfolge zum Ritter geschlagen worden und auch der Waliser Henry Morgan, der zuerst als englischer Freibeuter und dann als Piratenjäger tätig gewesen ist, wird schließlich von dem englischem König in den Adelsstand erhoben und sogar zum Gouverneur von Jamaika ernannt. Der schottische Pirat William Kidd wird dagegen nach mehreren Überfällen hingerichtet.

Gründe, warum diese Textzusammenfassung gut ist:
- ☐ *Die **Einleitung** informiert über Autoren, Titel, Quelle, Textart und benennt das Thema des Textes.*
- ☐ *Im **Hauptteil** werden die wichtigsten Informationen in eigenen Worten knapp und sachlich zusammengefasst, die Zeitform ist das Präsens (bei Vorzeitigkeit Perfekt).*
- ☐ *Durch **passende Satzverknüpfungen** wird der gedankliche Zusammenhang der Informationen dargestellt (Ursache und Wirkung, zeitliche Zusammenhänge etc.).*

Der bis heute bekannteste Pirat ist der Engländer Edward Teach, der wegen seines schwarzen Bartes unter dem Namen Blackbeard bekannt geworden ist. Wegen seiner Furcht erregenden Erscheinung gilt er auch noch heute als Ideal eines typischen Piraten.
Obwohl Piraterie als Männergeschäft gilt, gibt es aber auch Frauen unter den Piraten. Im 16. Jahrhundert greift die Irin Grace O'Malley englische Schiffe an und im 17. Jahrhundert werden die Engländerin Mary Read und die Irin Anne Bonny bekannt. Die Chinesin Ching Shih befehligt im 19. Jahrhundert sogar eine Flotte von 1500 Segelschiffen und 80 000 Männern.

Seite 9

1 b) *Die Absätze sind durch Absatzzeichen und Absätze im Text kenntlich gemacht.*

Seeräuberei in Nord- und Ostsee
Autor: Wolfgang Tarnowski

Die Seeräuberei in der Nord- und Ostsee entwickelte sich aus dem Strandrecht. Das Strandrecht war ein uraltes Recht der Küstenbewohner. Es besagte: Wer Gegenstände, die das Meer an den Strand gespült hat, findet, darf sie behalten. Für die hart arbeitenden, aber bitterarmen Fischer und Kleinbauern an der Küste war dieses Strandrecht ein von Gott verliehenes Grundrecht, denn es sicherte ihnen einen Teil ihres Lebensunterhalts.

Seeräuberei entwickelt sich aus dem Strandrecht; es erlaubt das Behalten von gefundenem Strandgut

Das Strandrecht galt auch für gescheiterte oder gestrandete Schiffe. Für viele Küstenbewohner war das eine arge Versuchung. Es genügte ja, eine Tonne oder ein Leuchtfeuer zu versetzen, um ein Schiff auf ein Riff oder in eine Untiefe zu manövrieren und so der Güte Gottes ein wenig nachzuhelfen. Aus Strandsuchern wurden so Strandräuber und schließlich Strandmörder. Immer häufiger kam es nämlich vor, dass man Schiffbrüchige einfach umkommen ließ oder gar erschlug, wenn sie sich hatten retten können. Auch für solche Verbrechen bot das Strandrecht einen Anreiz, denn nur wenn niemand den Schiffbruch überlebt hatte, gehörte das Strandgut dem Finder ganz.

Strandrecht gilt auch für Schiffe, daher werden manchmal Schiffe absichtlich zum Stranden gebracht und die Besatzung wird getötet, um die Waren zu plündern

Die großen Handels- und Hafenstädte versuchten, den Strandpiraten das Handwerk zu legen, indem sie deren Landesherren an ihre Pflichten erinnerten. Aber selbst feierlich beschworene Verträge bewirkten wenig, weil im Strandrecht galt: Ein Teil des Strandgut gehört dem Landesherrn. Die aber – Herzöge, Grafen und sogar Bischöfe – mochten auf eine so ergiebige Einnahmequelle nicht verzichten. Nach außen drohten sie Bußen und schwere Strafen an und setzten Strandvögte ein. In Wahrheit aber drückten sie beide Augen zu und duldeten, dass ihre Strandvögte mit Dieben und Mördern gemeinsame Sache machten.

Obwohl Landesherren Plünderungen verhindern sollen, machen sie oft gemeinsame Sache mit den Strandräubern

Vom Strandraub zur Seeräuberei war es nur ein kleiner Schritt. Zu dieser Entwicklung mag beigetragen haben, dass im frühen Mittelalter der Seehandel immer mehr zunahm. Um die Mitte des 12. Jahrhunderts hatten sich die wichtigsten Hafen- und Handelsstädte an Nord- und Ostsee zu einem Städtebündnis, der Hanse, zusammengeschlossen. Seither zogen die weit ausladenden und hochbordigen Hansekoggen unter den Augen der Strandpiraten vorüber. Eine so fette Beute mochten sich die Herren an den Küsten Frieslands, Dänemarks und Mecklenburgs nicht entgehen lassen. Im Laufe der Zeit wurden hier die Übergriffe auf fremde Schiffe immer dreister. Ohnmächtig musste die Hanse dieser von der Obrigkeit geduldeten oder gar ermutigten Seeräuberei zusehen.

Seehandel und dadurch auch Seeräuberei nehmen im Mittelalter zu; obwohl ein Städtebündnis (Hanse) geschlossen wird, können sich gerade die Hanseschiffe kaum gegen Plünderungen wehren

Seite 10

2
a) *Das Strandrecht erlaubt den Küstenbewohnern, das vom Meer angespülte Strandgut zu behalten.*
b) *Um den Lebensunterhalt aufzubessern, werden Schiffe absichtlich zum Stranden gebracht, z. B. indem man Signale versetzt.*
c) *Der Strandvogt soll die Plünderung von Handelsschiffen verhindern und die korrekte Handhabung des Strandrechts sicherstellen.*
d) *Die Hanse ist ein Städtebündnis, das die wichtigsten Hafen- und Handelsstädte an Nord- und Ostsee zusammenschließt.*
e) *Das erste Schiff ist eine Hansekogge, da das Schiff – im Vergleich zu dem anderen Boot – hochbordiger (bauchiger) ist.*

3

Schreibplan

1. Abschnitt (Z. 1–7): Seeräuberei entwickelt sich aus dem Strandrecht
- Seeräuberei in der Nord- und Ostsee entwickelt sich aus dem Strandrecht; es erlaubt das Behalten von gefundenem Strandgut
- für die armen Küstenbewohner ist dieses Strandrecht notwendig, denn es trägt zur Sicherung ihres Lebensunterhaltes bei

2. Abschnitt (Z. 7–17): Schiffe werden absichtlich zum Stranden gebracht
- Strandrecht gilt auch für Schiffe, was dazu führt, dass Schiffe absichtlich in gefährliche Fahrwasser gelockt werden, um diese zu plündern
- Häufig wurde die Schiffsbesatzung sogar getötet, um das gesamte Strandgut behalten zu können

3. Abschnitt (Z. 17–27): Landesherren arbeiten mit den Seeräubern zusammen
- Obwohl Landesherren Plünderungen durch Strafen und das Einsetzen von Strandvögten verhindern sollen, arbeiten sie oft mit den Strandräubern zusammen, da sie einen Teil der Beute bekommen

4. Abschnitt (Z. 27–38): Seeräuberei nimmt im Mittelalter zu
- Weil im Mittelalter der Seehandel zunimmt, steigt auch die Seeräuberei an
- Obwohl Mitte des 12. Jahrhunderts die Hafenstädte an der Nord- und Ostsee ein Städtebündnis (die Hanse) gründen, werden ihre schwer beladenen Handelsschiffe von den Seeräubern geplündert; auch in diesen Fällen dulden oder unterstützen die Landesherren die Überfälle

Seite 11

4
- ☐ *Die armen Küstenbewohner behalten das gefundene Strandgut, um so für ihren Lebensunterhalt zu sorgen.*
- ☐ *Strandräuber locken die Schiffe absichtlich in gefährliche Fahrwasser, um dann die aufgelaufenen Schiffe plündern zu können.*
- ☐ *Die Handels- und Hafenstädte verlangen von den Landsherren, die Plünderungen zu unterbinden.*

5
- ☐ *Ein Teil des Strandgutes gehört den Landesherren, die darauf nicht verzichten möchten.*
- ☐ *Die Strandvögte, die die Anwendung des Strandrechts kontrollieren sollen, kommen ihrer Aufgabe nicht nach.*
- ☐ *In Nord- und Ostsee nehmen die Plünderungen, unter denen besonders die schwer beladenen Handelsschiffe der Hanse zu leiden haben, immer mehr zu.*

Seite 12

6 ***Textzusammenfassung „Seeräuberei in Nord- und Ostsee“***

In dem Text ✓ aus dem Buch „Seeräuber“ erzählt Wolfgang Tarnowski von der Entstehung der Seeräuberei in diesen Gewässern.	*✓ Titel des Textes? Sachbuch informiert über; wo genau?*
Die Grundlage für das Aufkommen der Seeräuberei an den Küsten ist das so genannte Strandrecht. Demnach darf der Finder Gegenstände behalten, die an den Strand angespült werden. Das ist natürlich toll für die Leute, die oft sehr arm waren.	*unsachlich*
Weil das Strandrecht aber auch für gestrandete Schiffe gilt, werden manche Küstenbewohner fies: Sie machen, dass Schiffe untergehen und plündern dann die Ladung. Dabei killen sie auch die Überlebenden, weil diese sonst Anspruch auf einen Anteil davon hätten.	*unsachlich und ungenau* *unsachlich und ungenau* *ungenau*
Sogar Herrscher machen da mit, weil das Strandrecht dem Landesherrn einen Anteil am Strandgut zuspricht. Das ist ja klar, dass die sich das nicht entgehen lassen wollen! Die von den Landesherren eingesetzten Strandvögte sollen eigentlich die Plünderungen unterbinden, aber gemeinerweise arbeiteten Sie oft mit den Seeräubern zusammen. ✓	*unsachlich* *unsachlich* *unsachlich; Tempus falsch* *✓ warum?*
Weil der Seehandel im Mittelalter zunimmt, blüht auch die Seeräuberei.	*genauer, ausführlicher*
Die Schiffe der Hanse waren ja auch eine fette Beute! Dagegen konnte die Hanse nichts machen.	*ungenau und unsachlich;*

7 *zum Beispiel:*

Der vorliegende Sachtext mit dem Titel „Seeräuberei in Nord- und Ostsee“ stammt aus dem Sachbuch „Seeräuberei“ und ist von Wolfgang Tarnowski verfasst. Er informiert über die Entstehung der Seeräuberei in der Nord- und Ostsee.
Der Ursprung der Seeräuberei in Nord- und Ostsee ist das so genannte Strandrecht, das den Findern erlaubt, die an den Strand angespülten Gegenstände zu behalten. Gerade für arme Küstenbewohner stellt dies einen wichtigen Zugewinn dar. Weil dieses Strandrecht auch für gestrandete Schiffe gilt, werden diese von den Strandräubern absichtlich in gefährliche Fahrwasser geleitet, um die Schiffe dann plündern zu können. Dabei wird sogar manchmal die Besatzung, die den Schiffbruch überlebt hat, getötet, um das gesamte Strandgut behalten zu können. Obwohl die Landesherren verpflichtet sind, die korrekte Handhabung des Strandrechts sicherzustellen und solche Plünderungen zu verhindern, erfüllen sie diese Pflicht häufig nicht, sondern arbeiten mit den Strandräubern zusammen, die einen Teil des Strandguts an die Landesherren abtreten.
Die Zunahme der Seeräuberei hängt aber auch mit der Zunahme des Seehandels im Mittelalter zusammen. Mitte des 12. Jahrhunderts haben die großen Hafenstädte an der Nord- und Ostsee ein Städtebündnis. die Hanse, gegründet. Ihre schwer beladenen Handelschiffe, die Hansekoggen, werden zu einer leichten und beliebten Beute für Seeräuber. Die Hanse ist meist machtlos, da auch hier Landesherren die Übergriffe dulden oder unterstützen.

Gründe, warum die Textzusammenfassung gut ist:
- ☐ *Die **Einleitung** informiert über Autor, Titel, Quelle, Textart und benennt das Thema des Textes.*
- ☐ *Im **Hauptteil** werden die wichtigsten Informationen in eigenen Worten knapp und sachlich zusammengefasst, die Zeitform ist das Präsens.*
- ☐ *Durch **passende Satzverknüpfungen** wird der gedankliche Zusammenhang der Informationen dargestellt (Ursache und Wirkung, zeitliche Zusammenhänge etc.).*

Seite 14

1 ***Nach Unglück im Ärmelkanal***
Strandräuber auf Beutejagd
Der havarierte Frachter „MSC Napoli“ verliert Öl und Fracht. Plünderer haben sich bereits bedient.

Von Wolfgang Koydl, London

Für die Bewohner des kleinen Küstenorts Barnscombe und anderer Dörfer entlang der wildromantischen Küste der Grafschaft Devon muss es wie ein verspätetes Weihnachten sein. Zu Hunderten strömten die Menschen hinunter an die Strände, wo Container und anderes Gut von dem gestrandeten Frachter „MSC Napoli“ angeschwemmt worden sind – und niemand schien sich um die Drohungen der Polizei zu scheren, die davor warnte, dass einige der Transportbehälter giftige oder gefährliche Stoffe enthalten könnten. Wie Legosteine aneinandergereiht lagen Container im Sand, angespült von den meterhohen Wellen, welche die schweren Stürme der letzten Wochen aufgepeitscht hatten. Für die Strandläufer muteten sie an wie eine Art stählerner Wundertüten, da niemand wusste, was sie enthielten. Dazwischen hat sich der Inhalt geborstener Stahlbehälter ergossen: Autoersatzteile und Bekleidung, Weinfässer und Keksdosen, Erste-Hilfe-Kästen und Auspuffanlagen, Parfumflakons und Turnschuhe, brandneue BMW-Motorräder und sogar ein Auto – die Strände Devons sind durch die Havarie des 53 000 Bruttoregistertonnen großen Frachters in einen einzigen Supermarkt verwandelt worden.

Mit beiden Armen schleppten Anwohner ab, was sie tragen konnten. Die Motorräder wurden, wie der Ortsansässige Gareth Topping freudestrahlend einem Reporter der BBC erklärte, gleich an Ort und Stelle gestartet und den Steilhang hinauf nach Hause gefahren. Nach geltendem britischen Recht ist es erlaubt, angeschwemmtes Strandgut an sich zu nehmen, solange man es anschließend bei der Polizei registrieren lässt, damit der rechtmäßige Besitzer die Möglichkeit erhält, es zurückzubekommen. Andernfalls drohen den Plünderern Haftstrafen; aber an der englischen Südküste ist es seit Jahrhunderten Tradition, die Ladung gekenterter oder gesunkener Schiffe abzutransportieren. Früher war es sogar üblich, vorbeifahrende Schiffe mit irreführenden Leuchtfeuern bewusst auf Grund laufen zu lassen.

In gewisser Hinsicht sind die Behörden allerdings erleichtert, dass es nun eher diese Plünderungen sind, mit denen sie sich befassen müssen, und nicht die ursprünglich befürchtete Umweltkatastrophe. Bisher sind lediglich 200 Tonnen Öl aus dem Rumpf des eine Meile vor der Küste auf Grund gesetzten Frachters ausgelaufen. Es hat einen Ölfilm von rund acht Kilometer Länge auf dem Wasser gebildet, doch da es sich um Leichtöl handelt, werden die Gefahren für die Umwelt als verhältnismäßig gering eingeschätzt. Nur wenige Seevögel wurden mit dem Öl verschmutzt. Sie wurden von Rettern eingesammelt und gereinigt.
Insgesamt lagerten am Montagnachmittag noch 3500 Tonnen Öl in den Tanks der „MSC Napoli“, aber schon am Morgen waren zwei Spezialschiffe längsseits gegangen, um den Treibstoff abzusaugen. Die Operation wurde dadurch erschwert, dass das Schiff eine schwere Schlagseite von etwa 45 Grad aufweist. Darüber hinaus muss das Öl zunächst erhitzt werden, bevor es abgepumpt werden kann. Die Küstenwache zeigte sich jedoch höchst zuversichtlich, dass eine Umweltkatastrophe verhindert werden könne.
Bericht aus der „Süddeutschen Zeitung“ vom 23. 01. 2007

Unbekannte Begriffe, die du klären müsstest, könnten z. B. folgende sein:

- *Frachter (Überschrift): Handelsschiff, das ausschließlich zum Transport von Waren vorgesehen ist*
- *Rumpf (Z. 44): „Bauch“ eines Schiffes; ein Teil des Rumpfes liegt unterhalb der Wasseroberfläche*
- *Schlagseite (Z. 57): Neigung eines Schiffes zur Seite*

2 ***Autor(en):*** *Wolfgang Koydl*
Titel des Textes: *Nach Unglück im Ärmelkanal – Strandräuber auf Beutejagd*
Textart: *Zeitungsbericht*
Quelle/entnommen aus: *„Süddeutsche Zeitung“ vom 23. 01. 2007*
Thema des Textes: *Plünderung des Strandgutes nach Havarie eines Frachters an der englischen Küste; eventuelle Folgen für die Umwelt durch ausgelaufenes Öl*

3 *zum Beispiel:*

Schreibplan

1. Abschnitt (Z. 1–23): Frachter „MSC Napoli“ ist gestrandet
- in Barnscombe an der englischen Küste von Devon sind Container des gestrandeten Frachters „MSC Napoli“ (53 000 Bruttoregistertonnen) angespült worden
- einige Container geborsten → Waren liegen am Strand (von Keksdosen bis zu Motorrädern)
- Polizei warnt, dass einige Behälter giftige oder gefährliche Stoffe enthalten könnten

2. Abschnitt (Z. 24–39): Plünderung durch Küstenbewohner
- Küstenbewohner nehmen Strandgut mit nach Hause
- Besonderheit des englischen Rechts: Strandgut darf in Besitz genommen werden, wenn es anschließend polizeilich registriert wird → rechtmäßiger Besitzer hat so Möglichkeit, Eigentum wiederzubekommen → sonst Haftstrafen
- Plünderungen haben an der englischen Südküste eine lange Geschichte; früher war es sogar üblich, Schiffe absichtlich stranden zu lassen

3. Abschnitt (Z. 40–61): Umweltproblematik
- Behörden sehen nicht die Plünderungen, sondern drohende Umweltschäden als Hauptproblem
- bisher aber nur 200 Tonnen Leichtöl ausgelaufen → Ölfilm von 8 km Länge, einige Seevögel betroffen; Gefahren für die Umwelt werden als gering eingeschätzt
- Spezialschiffe pumpen die verbliebenen 3500 Tonnen Öl aus den Tanks der „MSC Napoli“ ab
- Abpumpen schwierig, da das Schiff schwere Schlagseite hat, trotzdem Zuversicht der Behörden, dass Umweltkatastrophe verhindert werden kann

4 *zum Beispiel:*

In dem Bericht „Nach Unglück im Ärmelkanal – Strandräuber auf Beutejagd", der in der „Süddeutschen Zeitung" vom 23. 1. 2007 erschienen ist, stellt der Autor Wolfgang Koydl die Folgen der Havarie eines Frachters vor der englischen Südküste dar: Küstenbewohner plündern die angespülte Fracht, außerdem werden Umweltschäden befürchtet.
An der Küste von Devon bei Barnscombe ist der 53 000-Bruttoregistertonnen-Frachter „MSC Napoli" auf Grund gelaufen. Er hat einen großen Teil seiner Containerladung verloren, die von der stürmischen See an den Strand gespült worden ist. Da viele der Container zertrümmert sind, plündern nun die Küstenbewohner die Fracht, bei der er sich um verschiedenste Waren handelt, von der Keksdose bis zum Motorrad. Die Polizei warnt die Bevölkerung vor einer Gefährdung durch giftige Substanzen.
Nun ist es nach britischem Recht prinzipiell erlaubt, Strandgut in Besitz zu nehmen. Dabei muss man die Gegenstände allerdings polizeilich registrieren lassen, damit der rechtmäßige Besitzer die Möglichkeit hat, sein Eigentum wiederzuerlangen. Plünderungen haben jedoch an der englischen Südküste eine lange Geschichte und früher war es sogar üblich, Schiffe absichtlich stranden zu lassen. Heute drohen unrechtmäßigen Plünderern Haftstrafen.
Die Behörden sehen allerdings das Hauptproblem nicht in den Plünderungen, sondern in der drohenden Gefahr für die Umwelt: Aus den Tanks der „MSC Napoli" läuft Öl aus. Zur Erleichterung der Behörden handelt es sich bisher allerdings nur um 200 Tonnen Leichtöl, das einen 8 Kilometer langen Ölfilm bildet. Betroffene Seevögel sind gereinigt worden, die im Schiff verbliebenen 3 500 Tonnen werden von Spezialschiffen abgepumpt. Trotz der schwierigen Situation – das Schiff hat starke Schlagseite – besteht von offizieller Seite große Hoffnung auf Verhinderung einer Umweltkatastrophe.

Gründe, warum die Textzusammenfassung gut ist:

- ☐ *Die **Einleitung** informiert über Autor, Titel, Quelle, Textart und benennt das Thema des Textes.*
- ☐ *Im **Hauptteil** werden die wichtigsten Informationen in eigenen Worten knapp und sachlich zusammengefasst, die Zeitform ist das Präsens.*
- ☐ *Durch **passende Satzverknüpfungen** wird der gedankliche Zusammenhang der Informationen dargestellt (Ursache und Wirkung, zeitliche Zusammenhänge etc.).*

Seite 15

1 a) *zum Beispiel:*

Textzusammenfassung zu: Das Märchen vom Sultan und den Musikanten
In dem Märchen vom Sultan und den Musikanten von Klaus Kordon geht es um einen Sultan, der Musik liebt.
Der Sultan lässt sich oft Musik vorspielen und erwartet, dass diese ihn müde macht und er dadurch besser einschlafen kann. Doch weil der Sultan den Flötenspieler aus seinem Reich verbannt, können die übrigen Musikanten nicht mehr ohne Angst spielen und spielen so schlecht, dass der Sultan alle verbannt. Schließlich bleibt kein Musikant mehr übrig und der Sultan beschließt zu sterben.

b) *zum Beispiel:*
Warum verbannt der Sultan den Flötenspieler aus seinem Reich?
Warum/Wovor haben die anderen Musikanten Angst?
Warum will der Sultan sterben?

Seite 16

2 ***Das Märchen vom Sultan und den Musikanten***

Über unser Land herrschte einmal ein Sultan, der sich Nachmittag für Nachmittag von einem Flötenspieler in den Schlaf spielen ließ. Eines Tages jedoch, als die Sonne besonders hell in das fürstliche Schlafgemach schien, konnte der Sultan trotz des lieblichen Flötenspiels nicht einschlafen. Er wälzte sich auf seinem Diwan hin und her, als auf einmal das Flötenspiel abbrach. *Wutentbrannt sprang der beleibte Sultan auf seine Füße. Und was entdeckte er da? Die milden Töne seiner Musik hatten den Flötenspieler so müde gemacht, dass er, die Flöte an den Lippen, über seinem eigenen Flötenspiel eingeschlafen war.* *„Dich hat Allah bei Nacht erschaffen!", rief der aufgebrachte Sultan und ließ den unglücklichen Flötenspieler durch seine Schergen außer Landes bringen.*	*Sultan lässt sich mit Flötenmusik in den Schlaf spielen* *Flötenspieler schläft ein → Sultan verbannt ihn*
Und am nächsten Tag beauftragte er seinen Großwesir, ihm einen neuen Hofmusikanten zu bringen. Der wurde zwar gebracht, spielte aber, da er vom Schicksal seines Vorgängers erfahren hatte, aus Furcht viel zu schnell. *Der Sultan, auf seinem Lager immer mehr dem Zorn verfallend, ließ auch diesen Musikanten des Landes verweisen und sich wiederum einen neuen bringen. Der spielte aus Angst noch schneller und wurde ebenfalls des Landes verwiesen.* *In den nächsten Tagen durchkämmten des Sultans Diener das ganze Land und führten ihrem Herrn nach und nach alle Flötenspieler vor. Die*	*neuer Flötenspieler spielt aus Angst zu schnell* *→ wird verbannt* *das Gleiche passiert einem weiteren Flötenspieler*

Musikanten aber wussten sämtlich um die Bestrafung, die ihnen drohte, falls sie nicht einschläfernd genug spielten, und konnten ihren Flöten vor Furcht nicht die milden Töne entlocken, die den Sultan besänftigt hätten. Einer nach dem anderen wurde des Landes verwiesen und der Sultan wälzte sich weiter schlaflos auf seinem Diwan herum und fand auch in der Nacht keinen Schlaf mehr, so sehr fehlte ihm sein geliebtes Flötenspiel.	*Sultan verbannt nach und nach alle Flötenspieler, ist auch in der Nacht schlaflos*
Bald gab es im ganzen Land keinen einzigen Flötenspieler mehr. Der Sultan ließ Lautenspieler kommen, aber auch die fürchteten so sehr, ihre Heimat verlassen zu müssen, dass sie ihren Instrumenten nur grelle, unruhige Töne entlocken konnten. Also verbrachte der Sultan weitere schlaflose Tage und Nächte. *Es kam, wie Allah es vorherbestimmt hatte: Bald gab es auch keine Lautenspieler mehr. Der Sultan ließ Trommler kommen, Pfeifer und Bläser, aber deren Musik war ohnehin nicht zum Einschlafen geeignet und so hatten auch sie keine Möglichkeit, den Sultan zu besänftigen.* *Der Sultan raste und tobte und schrie: „Außer Landes! Fort mit ihnen! Ich will sie nicht hören."*	*Sultan sucht nach immer neuen Musikern, keiner kann ihn zufriedenstellen*
Der fehlende Schlaf aber zehrte ihn aus, er verlor sein Fett, wurde mager und hohlwangig und konnte sich bald nicht mehr von seinem Lager erheben. So lag er nur noch herum und haderte mit seinem Schicksal. In seinem Land aber herrschte große Trübsal, denn der Sultan hatte auf diese Weise auch den letzten Musikanten vertrieben. Wurde eine Hochzeit gefeiert oder eine Geburt, war niemand da, der zum Tanz aufspielen konnte. Verliebte saßen im Mondlicht und seufzten, aber weder von nah noch von fern drangen mehr liebesselige Klänge an ihr Ohr. *Der Sultan auf seinem Lager erkannte, dass er in seinem gottlosen Zorn nur Unheil gestiftet hatte, und war so voller Gram, dass er beschloss zu sterben. Er lehnte jede Speise ab und jeden Trank und zählte die Tage. Manchmal aber, im Dämmerzustand, erschien es ihm, als höre er wieder Musik. Doch das waren nur Träume, die ihn noch trauriger machten.*	*Sultan wird durch Schlaflosigkeit krank, das ganze Land ist traurig, der Sultan will sterben, weil er erkennt, dass er schuld ist*
Eines Tages jedoch erwachte der Sultan aus seinem Schlaf, nahe dem Tode. Es waren Töne an sein Ohr gedrungen, die er nicht geträumt haben konnte und die ihn trotz seiner Schwäche von seinem Lager trieben. Wie von einem mächtigen Geist geführt stand er auf und schlich sich in den Palastgarten. Dort aber saß Biribor, der Sohn einer Dienerin, und übte – das Flötenspiel. [...] *Da der zehnjährige Biribor noch nie zuvor in seinem Leben eine Flöte in der Hand gehalten hatte, hörte sich sein Spiel schrill an und unmelodisch. Hohe Töne und tiefe Töne lösten einander ab, ohne Sinn und Gefühl. Dem Sultan aber erschien, was er zu hören bekam, als Ohrenschmaus. Er hockte sich zu dem Sohn seiner Dienerin und bat ihn weiterzuspielen. Und Biribor, der in dem bleichen, kraftlosen Mann niemals den einst so fetten Sultan erkannt hätte, spielte voller Vertrauen in seine noch ungeübte Kunst weiter.*	*kurz vor dem Tod hört der Sultan das Flötenspiel Biribors; obwohl dies schlecht ist, ist er ist begeistert*
„Wer bist du?", fragte der Sultan, als Biribor endlich müde geworden war. *Biribor nannte seinen Namen und den seiner Mutter.* *„Und woher hast du die Flöte?", fragte der Sultan weiter.* *Biribor antwortete, dass er sie im Garten gefunden habe. Und der Sultan vermutete, dass es an seinem Hof einen Musikanten gab, der nicht entdeckt werden wollte, weil er befürchtete, sonst ebenfalls vertrieben zu werden. Er beschloss, den Musikanten zu suchen, nahm Biribor an die Hand und ging mit ihm in seinen Palast zurück.* *Auf diese Weise erfuhr der Knabe Biribor, wer jener Mann war, mit dem er sich so vertrauensvoll unterhalten hatte. Aber er fasste bald Zutrauen zu dem mageren Mann, der in nichts mehr an jenen unbeherrschten Sultan von einst erinnerte.* *Der Sultan ließ Speisen und Getränke kommen, labte sich wie lange nicht mehr und lud auch Biribor, der ihm durch sein Flötenspiel neuen Lebensmut gegeben hatte, zur Tafel ein. Danach ließ er sich waschen und ankleiden und versammelte all seine Wesire, Diener, Dienerinnen und Hofgünstlinge um sich. Und als sie sämtlich vor ihm knieten, forderte er*	*Biribor hat die Flöte im Garten gefunden* *Sultan vermutet, dass es im Palast noch einen Flötenspieler gibt, dem diese Flöte gehört*

Biribor auf, Flöte zu spielen. Der Junge, stolz darauf, ein so zahlreiches Publikum um sich versammelt zu sehen, blies dann auch gleich so heftig in das Instrument, dass seinen Zuhörern der Schmerz in die Ohren fuhr. Erschrocken über die erzielte Wirkung nahm Biribor die Flöte wieder von den Lippen, der Sultan jedoch forderte ihn auf weiterzuspielen – und zwar so lange, bis er ihm Einhalt geböte.
Biribor tat wie ihm geheißen. Und während Biribor spielte, sah der Sultan seinen Wesiren, Dienern, Dienerinnen und Hofgünstlingen ins Gesicht. Einen nach dem anderen sah er an, bis er Biribor ein Zeichen gab und alle wieder fortschickte.
Das heißt: alle bis auf einen! Dem Gärtner Orsan, der am meisten unter dem unmelodischen Geplärr der Flötentöne gelitten hatte, befahl er zu bleiben. Und der so entdeckte heimliche Flötenspieler gestand dem Sultan sein Können und erwartete, wie alle anderen Musikanten vor ihm von des Sultans Schergen außer Landes gebracht zu werden. Da Orsan aber ein Mädchen liebte, küsste er dem Sultan die Füße und bat ihn um ein Todesurteil, denn er wollte lieber sterben als sein Mädchen verlassen.

Biribor spielt vor allen Palastbewohnern
→ Sultan will herausfinden, wer am meisten unter dem schlechten Spiel leidet, dieser muss der Flötenspieler sein
→ Orsan, der Gärtner, ist der Flötenspieler; er will lieber sterben, als das Land zu verlassen

Zu unserem Glück jedoch hatte der Sultan längst erkannt, wie dumm und grausam er gewesen war. Deshalb schickte er Orsan nicht fort, sondern befahl ihm, Biribor das Flötenspiel zu lehren.
Und so geschah es: Orsan lehrte Biribor das Flötenspiel und wurde dafür vom Sultan so reich belohnt, dass er von nun an ein gemachter Mann war und das Mädchen, das er liebte, heiraten konnte. Biribor aber wurde ein Meister seines Fachs. In allen Ländern und allen Palästen rühmte man seine Kunst – und so auch den Namen des Sultans, der gerade noch rechtzeitig zur Einsicht gekommen war.

Sultan trägt Orsan auf, Biribor das Flötenspiel zu lehren → Biribor wird berühmter Flötenspieler und Orsan belohnt

Seite 18

3 *zum Beispiel:*

a) Der Sultan verbannt die Musiker, die für ihn spielen, weil sie es nicht schaffen, ihm so beruhigende Musik vorzuspielen, dass er nachmittags einschläft.
b) Den Musikanten, die den Sultan in den Schlaf spielen sollen, gelingt dies nicht, weil sie Angst vor der Bestrafung des Sultans haben.

Seite 19

Schreibplan

1. Handlungsschritt:
- Sultan benötigt Flötenmusik, um am Nachmittag einschlafen zu können; Flötenspieler schläft jedoch ein, bevor Sultan Schlaf findet → wütender Sultan verbannt ihn zur Strafe in die Fremde

2. Handlungsschritt:
- Sultan verlangt einen anderen Flötenspieler; dieser hat solche Angst, die gleiche Bestrafung zu erleiden, dass er zu schnell spielt; dadurch kann Sultan nicht einschlafen und verbannt auch ihn

3. Handlungsschritt:
- Sultan weist nach und nach alle Flötenspieler aus
  → Er leidet zunehmend an Schlaflosigkeit, auch in der Nacht

4. Handlungsschritt:
- Sultan sucht immer weiter nach anderen Musikern, die ihn in den Schlaf wiegen sollen; alle verweist er des Landes; sie können seine Forderung nicht erfüllen, da sie zu verängstigt sind

5. Handlungsschritt:
- Folge der Ausweisung aller Musiker ist Schlaflosigkeit des Sultans und Trauer in einem Land ohne Musik; der Sultan beschließt zu sterben, weil er sich schuldig fühlt; er isst nichts mehr und magert ab

6. Handlungsschritt:
- kurz vor seinem Tod hört Sultan aus dem Palastgarten Flötentöne; der Junge Biribor hat eine Flöte gefunden und obwohl er keinen Flötenunterricht gehabt hat, versucht er zu spielen; der Sultan ist selbst von dieser schlechten Darbietung begeistert

7. Handlungsschritt:
- Sultan vermutet, dass es einen Flötenspieler im Palast gibt, dem die von Biribor gefundene Flöte gehört, der sich aber nicht dazu bekennen will aus Angst vor des Sultans Bestrafung; Sultan lässt Biribor vor allen Palastbewohnern Flöte spielen → sein Plan ist, den wahren Flötenspieler herauszufinden anhand von dessen Reaktion auf das schlechte Flötenspiel Biribors → der Gärtner Orsan ist Flötenspieler → er hat Angst, auch des Landes verwiesen zu werden, weil er ein Mädchen liebt, und will deshalb lieber sterben

8. Handlungsschritt:
- der Sultan erkennt, wie erbarmungslos er gewesen ist; er trägt Orsan auf, Biribor das Flötenspielen zu lehren → Biribor wird berühmter Flötenspieler, Orsan reich entlohnt, sodass er heiraten kann, und der Sultan wird geehrt, weil er vernünftig und klug gehandelt hat

Seite 20

5 *a) Folgende Punkte gehören in eine Einleitung (die restlichen Punkte musst du streichen):*
- □ *Wer sind die Hauptpersonen?*
- □ *An welchem Ort findet das Erzählte statt?*
- □ *Um welche Textart handelt es sich?*
- □ *Wie heißt der Autor?*
- □ *Was ist das Thema der Geschichte?*
- □ *Wie lautet der Titel des Buches/der Geschichte?*
- □ *Wann spielt die Handlung (falls bekannt)?*

b) zum Beispiel:
Die Einleitung informiert über den Autor, den Titel, die Textart, Ort, Zeit und Personen der Handlung sowie über das Thema des Textes.

6 *zum Beispiel:*
***Hinweis:** Bei einem Märchen kannst du in der Einleitung keine Angaben über die Zeit der Handlung machen (vgl. „Es war einmal ..."). Oft findet man auch keine Angabe darüber, wo (an welchem Ort) das Märchen spielt.*

In dem „Märchen vom Sultan und den Musikanten" erzählt der Autor Klaus Kordon, wie ein arabischer Sultan alle Musiker aus seinem Land vertreibt, bis er selbst beinahe stirbt, da er die Musik so sehr vermisst. Kurz vor seinem Tod erkennt er seinen Fehler und rettet sich und sein Land.

Seite 21

7 *zum Beispiel:*
- □ *Der Zorn/Die Wut des Sultans steigert sich immer mehr.*
- □ *Allen Musikern, die vor dem Sultan spielen sollen, fürchten sich vor der Bestrafung.*
- □ *Die Musikanten können nicht so sanft und ruhig spielen, dass sie den Sultan zum Einschlafen bringen können.*
- □ *Nacheinander werden alle aus dem Sultanat vertrieben.*
- □ *Wegen seines Schlafmangels wird der Sultan schwächer, bis er nicht mehr aufstehen kann.*
- □ *Der Sultan erkennt, dass sein ungerechter Zorn nur Nachteile für sein Land gebracht hat, was ihn traurig macht, sodass er beschließt zu sterben.*
- □ *Da der zehnjährige Biribor zum ersten Mal versucht, Flöte zu spielen, klingt sein Spiel unangenehm und nicht harmonisch.*

Seite 22

8 *A „Dich hat Allah bei Nacht erschaffen!" (Z. 11)*

- ✗ *Der Sultan sagt, dass er nicht zufrieden ist mit dem Flötenspieler.*
- ✗ *Der Sultan beschimpft den Flötenspieler.*
- ▪ *Der Sultan sagt, Allah habe den Flötenspieler bei Nacht erschaffen.*
  ***Lösungshinweis:** Die dritte Möglichkeit ist nur eine Wiederholung, die die unsachliche Beschimpfung des Originaltextes wiedergibt. Übernahmen aus dem Originaltext sind nicht zulässig.*

B „Wer bist du? [...] Und woher hast du die Flöte?" (Z. 68–70.)

- ▪ *Der Sultan will wissen, wie Biribor heißt und woher er die Flöte hat.*
- ▪ *Weil er nicht weiß, woher Biribor die Flöte hat und wie er heißt, fragt der Sultan nach.*
- ✗ *Der Sultan erkundigt sich nach Biribors Namen und fragt erstaunt, woher er die Flöte habe.*
  ***Lösungshinweis:** Die ersten beiden Möglichkeiten sind nicht falsch, aber weniger elegant und weniger in eigenen Worten formuliert.*

C „Außer Landes! Fort mit ihnen! Ich will sie nicht hören." (Z. 40–41.)

- ✗ *Weil kein Musiker es zu Stande bringt, den Sultan mit seinem Spiel in den Schlaf zu wiegen, vertreibt er alle aus seinem Land.*
- ▪ *Der Sultan lässt alle Musiker außer Landes bringen, da er sie nicht mehr hören möchte.*
- ▪ *Der Sultan schreit wütend, er wolle die Musiker nicht mehr hören.*
  ***Lösungshinweis:** Im Gegensatz zu den letzten beiden Möglichkeiten gibt der erste Satz eine notwendige Erklärung für den Entschluss des Sultans, der ansonsten für den Leser der Zusammenfassung nicht nachvollziehbar wäre.*

9 ◻ *Orsan gesteht dem Sultan, dass er Flöte spielen **könne** und seine Flöte im Palastgarten **versteckt habe**.*
◻ *Orsan befürchtet, er **würde** wie die anderen Musiker **verbannt werden**.*
*Oder: Orsan befürchtet, er **werde** wie die anderen Musiker **verbannt**.*

10 *zum Beispiel:*
Der Sultan eines arabischen Reiches lässt sich wie gewöhnlich von einem Flötenspieler vorspielen, um besser einschlafen zu können, doch er schläft nicht ein, da/weil die Flötenmusik abbricht. Der Sultan erkennt, dass sein Musiker eingeschlafen ist, sodass/woraufhin er wütend reagiert. Schließlich/Daraufhin/Deshalb beschimpft er den Musiker und verbannt ihn aus seinem Land. Anschließend lässt der Sultan einen neuen Hofmusiker suchen, aber dieser befürchtet, dass er genauso bestraft wird wie sein Vorgänger, wenn es ihm nicht gelingt, seine Aufgabe zu erfüllen. Deswegen/Deshalb kann er den Sultan nicht mit Hilfe seiner Musik in den Schlaf wiegen, denn er spielt die Melodien zu schnell, woraufhin/sodass der Sultan ihn ebenso aus seinem Sultanat verweist wie den letzten Flötenspieler.

11 *zum Beispiel:*

In dem „Märchen vom Sultan und den Musikanten" erzählt der Autor Klaus Kordon, wie ein arabischer Sultan alle Musiker aus seinem Land vertreibt, bis er selbst beinahe stirbt, da er keine Musik mehr hören kann. Kurz vor seinem Tod erkennt er seinen Fehler und rettet sich und sein Land.
Der Sultan eines arabischen Reiches lässt sich wie gewöhnlich von einem Flötenspieler vorspielen, um nachmittags besser einschlafen zu können. Doch weil der Flötenspieler selbst einschläft und die Musik abbricht, wird der Sultan so wütend, dass er den Musiker aus seinem Land verbannt. Anschließend lässt der Sultan einen neuen Hofmusiker suchen, aber dieser befürchtet, dass er genauso bestraft wird wie sein Vorgänger, wenn es ihm nicht gelingt, seine Aufgabe zu erfüllen. Deswegen kann er den Sultan nicht mit Hilfe seiner Musik in den Schlaf wiegen, denn er spielt die Melodien zu schnell, woraufhin der Sultan ihn ebenso aus seinem Sultanat verweist wie den letzten Flötenspieler. Nach und nach vertreibt der Sultan alle Flötenspieler und daraufhin auch alle anderen Musiker aus seinem Reich, denn sie können seine Forderung nach einem sanften, ruhigen Spiel nicht erfüllen, da sie zu verängstigt sind. Dies hat zur Folge, dass der Sultan nun unter einer ständigen Schlaflosigkeit leidet und im ganzen Land Trauer herrscht, da es keine Musik mehr gibt.
Daraufhin erkennt der Sultan, dass sein ungerechter Zorn nur Nachteile für sich und sein Land gebracht hat, was ihn so traurig macht, dass er beschließt zu sterben.
Kurz vor seinem Tod vernimmt der Sultan aber aus dem Palastgarten Flötentöne; denn der zehnjährige Biribor hat eine Flöte gefunden und versucht, dieses Instrument zu spielen. Obwohl sein Spiel schlecht ist, ist er der Sultan begeistert. Er erfährt, dass Biribor die Flöte im Palastgarten gefunden hat, und so vermutet der Sultan, dass es doch noch einen Flötenspieler im Palast gibt, der sich aber aus Angst vor den Bestrafungen des Sultans versteckt. Um den wahren Flötenspieler zu entdecken, entwickelt der Sultan einen Plan: Biribor soll vor allen Palastbewohnern Flöte spielen. Während des Spiels beobachtet der Sultan die Reaktionen der Bewohner auf das schlechte Flötenspiel und findet so den letzten Flötenspieler seines Palastes, den Gärtner Orsan, da dieser am stärksten auf das unharmonische Spiel Biribors reagiert. Weil Orsan befürchtet, nun auch aus dem Reich vertrieben zu werden, bittet er darum sterben zu dürfen, weil er ein Mädchen liebt, dass er nicht zurücklassen will.
Weil der Sultan aber längst erkannt hat, wie erbarmungslos er gewesen ist, trägt er Orsan auf, Biribor das Flötenspiel zu lehren. Letztlich wird Biribor ein sehr berühmter Flötenspieler, Orsan vom Sultan reich entlohnt, sodass er sein Mädchen heiraten kann, und der Sultan wird geehrt, weil er vernünftig und klug gehandelt hat.

Gründe, warum die Textzusammenfassung gut ist:

◻ *Die **Einleitung** informiert über Autor, Titel, Textart und Personen der Handlung (Ort und Zeit werden im Märchen nicht angegeben) und benennt das Thema des Textes.*
◻ *Im **Hauptteil** werden die wichtigsten Informationen in eigenen Worten knapp und sachlich zusammengefasst, die Zeitform ist das Präsens (bei Vorzeitigkeit Perfekt).*
◻ *Es erscheint **keine wörtliche Rede**.*
◻ *Durch **passende Satzverknüpfungen** wird der gedankliche Zusammenhang der Informationen dargestellt (Ursache und Wirkung, zeitliche Zusammenhänge etc.).*

Seite 25

1 *Thomas Fuchs*
Die Welt ist ein Fahrrad

Den Weg vom Bahnhof zur Schule schob Robert sein Fahrrad. Erst wollte er fahren, aber mit der dick bandagierten Hand und dem schweren Rucksack war ihm das zu gewagt. Der Moment seines Lebens stand ihm bevor, die triumphale Rückkehr an seine Schule, und da durfte er nichts riskieren. Noch ein Sturz, womöglich vor allen Mitschülern, den Lehrern, und die Sache wäre vermasselt.
Die Straße den Berg hinauf hatte Robert kürzer in Erinnerung und weniger steil. Heiß brannte die Mittagssonne auf seinen Nacken. Er schob schwitzend das dunkelblaue Rennrad mit der gelben Aufschrift „Pegasus" – Robert hatte seine selbst konstruierte Rennmaschine nach dem geflügelten Pferd der griechischen Sage benannt – an den alten Häusern vorbei. Dann endlich begann die gelbrote Backsteinmauer mit dem schmiedeeisernen Zaun obendrauf. Zwischen den grünen Wipfeln der Bäume konnte Robert immer wieder kurz das schwarze Dach der Schule sehen. Das große Tor zum Schulgelände war geöffnet.
Selbstverständlich. Schon vor drei Wochen hatte das neue Schuljahr begonnen.
Er holte noch einmal tief Luft, dann nahm er die letzten Meter zum Schulgelände in Angriff. Ob sie etwas vorbereitet haben?, überlegte er. Wie würden sie ihn empfangen? Mit Transparenten? Würde sein alter Klassenlehrer eine Ansprache halten, womöglich sogar die Direktorin selbst? Robert freute sich darauf, seine alte Klasse wiederzusehen. Ein halbes Jahr war er fort gewesen. Eine lange Zeit, in der sich sicher einiges verändert hatte. Oder würde es so sein wie nach einem Urlaub? Man selbst hatte viel Neues erlebt, doch für die Daheimgebliebenen waren einfach nur weitere drei Wochen Alltag verstrichen.

Vor dem Gebäude verharrte er einen Moment und fast andächtig las er die Inschrift über dem Haupteingang. „Zum Ruhme des Sportes" stand in goldenen Lettern auf dem roten Stein geschrieben. Robert nickte in Gedanken, schulterte seine Rennmaschine und nahm die Stufen zum Eingang mit zwei großen Schritten. Oben stieß er die große braune Schultür auf. Niemand zu sehen. Das Schulgebäude war merkwürdig still, das Treppenhaus menschenleer. Robert sah auf die Uhr an der Wand. Es war kurz nach zwölf, eigentlich die Zeit, zu der früher die Schüler immer eine Freistunde hatten, auf dem Weg zum Training waren oder vom Sportplatz zurückkamen. Aber nicht einmal der Hausmeister war zu sehen, normalerweise lauerte der immer in seinem Zimmer neben dem Eingang. Wo waren die alle?, überlegte er.
„Hallo!", rief er in die Stille des Gebäudes.
Drückendes Schweigen war die Antwort. Robert stieg die Treppe in den ersten Stock zum Sekretariat hoch. Die Tür war verschlossen.
In Roberts Kopf begann es zu pochen. Er hatte doch angerufen, vorsichtshalber auch gefaxt, dass er heute um zwölf ankommen würde. Wo waren sie alle? Dass am Bahnhof niemand auf ihn gewartet hatte, konnte er ja irgendwie verstehen. Obwohl, eigentlich nicht so ganz. Er hatte keinen Triumphzug erwartet, auch keine Parade, aber ein Empfangskomitee wäre doch in seinem Falle das Mindeste gewesen.

Sein Blick fiel auf die Glasvitrine in der Fensternische gegenüber der Tür zum Sekretariat. Alte Fotos, vergilbte Zeitungsausschnitte, etliche silberne Pokale und ein großer goldener Teller standen darin. Robert trat an die Vitrine heran. Obwohl er die Namen kannte, las er sie. „Dieter Gieseler, 19 Jahre, Silbermedaillengewinner der Olympischen Spiele 1960 in Rom" war in den goldenen Teller eingraviert. Auch in den Zeitungsartikeln stand immer wieder der Name Dieter Gieseler. Ebenso unter einem der Fotos. Es zeigte einen Jungen, ein paar Jahre älter als Robert, verschwitzt, mit einem dicken grünen Siegerkranz um den Hals. In die Kamera streckte der Junge eine silberne Medaille.
Weiter hinten lagen zwei Bilder, auf einem acht lachende Mädchen, die sich umarmten, auf dem anderen Bild zehn junge Männer, die Haare zerzaust, die Fäuste siegreich gen Himmel gestreckt. Rechts davor in der Vitrine standen die Pokale der anderen Sieger. Martin Maltus – Goldmedaille beim Sichtungsrennen der Schüler, 1983,
Yvonne Bärmann – Jugend-Crossmeisterin, 1983, Klaus Küster – Grünes Band in den Kategorien Schüler, 1993, und Junioren, 1996, Mehmet Nivel – U13-Kader ... Robert konnte, wo und was sie gewonnen hatten, auswendig herunterbeten. Jetzt würde ein neuer Name dazukommen. Seiner.

Er drehte sich von der Vitrine weg und schob sein Rad den Gang entlang zu seinem alten Klassenzimmer. Der Raum war leer. Robert fluchte leise vor sich hin. Wo waren sie? Dann plötzlich meldete sich in seinem Kopf eine Erinnerung. Erst klein und kaum wahrnehmbar, doch dann immer deutlicher. Was hatte auf dem Ehemaligentreff Dieter Gieseler, der Schulheld schlechthin, erzählt? Er sei damals von seinem Wettkampf zurückgekehrt und die Schule sei wie ausgestorben gewesen und ...
Robert schwang sich auf sein Fahrrad und raste den langen Gang entlang bis zu der Treppe, die in den Neubau hinüberführte. Er sprang aus dem Sattel, nahm das Rad über die Schulter und eilte, jeweils zwei Stufen auf einmal nehmend, ins Erdgeschoss hinab. Als er den nächsten Gang entlangging, hörte er sie endlich. Logisch, in der Aula. Dort wurde er erwartet. Es ist wie damals bei Dieter!

Vor der Tür zur Aula fuhr er sich einmal durch die kurzen hellbraunen Haare, richtete sich auf, dann öffnete er die Tür.
Geschrei und Gejohle brach aus. Robert wurde von dem Lärm fast zurück in den Gang gespült. Tatsächlich, sie waren alle da, Stuhlreihe an Stuhlreihe. Sie hatten kleine Fähnchen mit dem Schulwappen in den Händen. Vorne neben der Bühne stand die Direktorin Frau Lorenz und winkte Robert zu sich. Die anderen Lehrer und Trainer standen gegenüber der Bühne vor der ersten Stuhlreihe. Langsam, während er Pegasus nach vorne schob, ging das Gejohle in ein rhythmisches Robert-Robert-Rufen über. Er bekam eine Gänsehaut. Das war besser, intensiver als erwartet, das war erhebend, wahnsinnig, wie ein Traum! Dafür hatte sich alles gelohnt.

2
Autor: *Thomas Fuchs*
Titel des Textes: *Die Welt ist ein Fahrrad*
Textart: *Jugendbuchausschnitt*
Quelle/entnommen aus: *Ausschnitt aus dem Jugendbuch „Die Welt ist ein Fahrrad"*
Ort, Zeit (hier nicht bekannt) und Personen der Handlung: *Weg zur Schule/Schulgebäude, Robert (Jugendlicher)*
Thema des Textes: *Robert, ein jugendlicher Radsportler, kehrt nach einer halbjährigen Pause an seine Schule zurück und erwartet einen triumphalen Empfang; diese Erwartung wird anfangs nicht erfüllt*

3 *zum Beispiel:*

Schreibplan

1. Handlungsschritt:
- Robert, Schüler eines Sportgymnasiums und selbst Radrennfahrer, befindet sich auf dem Weg vom Bahnhof zu seiner Schule
- Rückkehr nach halbjähriger Abwesenheit (evtl. Verletzung) und einem großen sportlichen Erfolg
- Robert freut sich auf seine Klasse und erwartet in seiner Schule einen großen Empfang

2. Handlungsschritt:
- Robert kommt in der Schule an und ist enttäuscht, weil ihn anscheinend keiner erwartet, das Schulgebäude scheint leer zu sein, obwohl er seine Ankunftszeit mitgeteilt hat
  → seine Erwartung eines triumphalen Empfangs bestätigt sich nicht, Ratlosigkeit, Enttäuschung als Reaktion

3. Handlungsschritt:
- Robert betrachtet eine Vitrine, in der die sportlichen Leistungen der Schüler des Gymnasiums ausgestellt sind → Erinnerung an Leistungen der ehemaligen Schüler und Stolz auf eigene, aktuelle Leistung, die derjenigen der anderen geehrten Schüler gleichkommt

4. Handlungsschritt:
- erneute Ratlosigkeit wegen Leere in seinem Klassenzimmer → Enttäuschung
- dann Erinnerung an Erzählung eines ehemaligen Schülers (Sportheld der Schule), der nach einer Rückkehr von einem Wettkampf überraschenderweise in der Aula des Schulgebäudes empfangen wurde
- Eile: Robert fährt auf seinem Rad zur Aula, wo alle Schüler und Lehrer auf ihn warten und ihn jubelnd empfangen und willkommen heißen
  → Robert ist vom Empfang überwältigt und glücklich

Hinweis: *Warum Robert ein halbes Jahr nicht in der Schule war, bleibt in diesem Textauszug offen. Seine Handverletzung könnte darauf hindeuten, dass er einen Unfall hatte. In jedem Fall steht fest, dass er einen großen sportlichen Erfolg errungen hat, denn er erwartet einen triumphalen Empfang an seiner Schule, die wohl eine Sportschule oder zumindest eine Schule ist, die den Sport besonders fördert (vgl. Inschrift auf dem Haupteingang „Zum Ruhme des Sportes" (vgl. Z. 35/35) und die Erinnerungsstücke an die sportlichen Leistungen in der Glasvitrine (vgl. Z. 60–84)).*

4 *zum Beispiel:*

In dem Ausschnitt aus dem Jugendbuch „Die Welt ist ein Fahrrad" von Thomas Fuchs schildert der Autor, wie der jugendlichen Radsportler Robert nach einer halbjährigen Abwesenheit wieder in seine Schule zurückkehrt. Er hat einen großen sportlichen Erfolg erzielt und hofft nun, in der Schule von seinen Mitschülern und Lehrern triumphal empfangen zu werden, jedoch erfüllen sich seine Erwartungen anfangs nicht.
Der jugendliche Radsportler Robert kehrt nach sechs Monaten Abwesenheit in seine Schule, ein Sportgymnasium, zurück. Der Leser erfährt, dass Robert erfolgreich in seinem Bereich gewesen ist und einen großen Erfolg im Radfahren erreicht hat. Aus diesem Grund erwartet er einen triumphalen Empfang an seiner Schule und freut sich, seine Klasse wiederzusehen.
Als Robert das Schulgebäude betritt, ist er erstaunt über die Leere im Gebäude. Obwohl er seine Ankunftszeit mitgeteilt hat, scheint ihn niemand zu erwarten, weshalb er ratlos und enttäuscht ist.
Da er niemanden vorfindet, geht er durch das Schulgebäude und gelangt zu einer Vitrine, in der mit Pokalen, Fotos und Zeitungsausschnitten an die sportlichen Erfolge der Schüler erinnert wird. Robert betrachtet die Dokumente und Erinnerungen, ihm gehen die Erfolge der ehemaligen Schüler und Spitzensportler durch den Kopf und er ist stolz darauf, dass auch sein eigener Erfolg bald in dieser Vitrine festgehalten sein wird.
Daraufhin geht Robert zu seinem alten Klassenzimmer, das er ebenfalls leer vorfindet, und während sich seine Enttäuschung noch verstärkt, erinnert er sich an die Erzählung eines ehemaligen Schülers, der nach einem Wettkampf überraschenderweise in der Aula des Schulgebäudes empfangen worden ist. Robert vermutet, dass vielleicht auch für ihn ein Empfang in der Aula vorbereitet worden ist, und beeilt sich, dorthin zu kommen. Dazu fährt er sogar mit dem Fahrrad durch die Gänge, um schneller in die Aula zu gelangen, wo ihn tatsächlich alle Mitschüler und Lehrer mit großem Applaus und Jubel erwarten. Robert ist überwältigt von diesem Erlebnis und glücklich.

Gründe, warum die Textzusammenfassung gut ist:

- ☐ *Die **Einleitung** informiert über Autor, Titel (bzw. Quelle), Textart und Personen der Handlung (Angaben zur Zeit werden im Text nicht gemacht) und benennt das Thema des Textes.*
- ☐ *Im **Hauptteil** werden die wichtigsten Informationen in eigenen Worten knapp und sachlich zusammengefasst, die Zeitform ist das Präsens (bei Vorzeitigkeit Perfekt).*
- ☐ *Es erscheint **keine wörtliche Rede.***
- ☐ *Durch **passende Satzverknüpfungen** wird der gedankliche Zusammenhang der Informationen dargestellt (Ursache und Wirkung, zeitliche Zusammenhänge etc.).*

Seite 27

1 *a) und b) Die Beiträge, die überzeugend sind, sind unterstrichen.*
Die Beiträge, die weniger überzeugend sind, sind grau unterlegt.

F	***Frau Störtz:*** *Ich finde es unverantwortlich, dass Kinder bereits in der Grundschule ein eigenes Handy haben! Die sollten lieber erst einmal richtig schreiben lernen, bevor sie sich mit dem Handy vergnügen!*	☐ *unsachlich und unlogisch (Kinder, die ein Handy haben, können dennoch schreiben lernen)*
F	***Opa Störtz:*** *Als ich in der Grundschule war, haben wir viel an der frischen Luft gespielt. Das geht natürlich verloren, wenn Kinder Spiele auf ihrem Handy spielen.*	☐ *zu allgemein, Handys allein sind nicht schuld am Bewegungsmangel*
E	***Monika Störtz (14 Jahre):*** *Ich finde es gut, wenn Kinder und Jugendliche ein Handy haben. So können Sie mit ihren Eltern in Kontakt bleiben und auch mal anrufen, wenn die Schule früher aus ist, oder sonst irgendetwas ist. Allerdings sollte man ein Handy mit einer Guthaben-Karte nehmen, sonst könnte es mit der Rechnung böse Überraschungen geben.*	☐ *sehr überzeugende Argumentation mit einem treffenden Beispiel; am Ende wird eine Empfehlung gegeben (Guthaben-Karte), die die Befürwortung einschränkt*
G	***Adrian Störtz (10 Jahre):*** *Ich finde ein Alterslimit überflüssig. Mir macht es riesigen Spaß, neue Klingeltöne herunterzuladen und diese mit meinen Freunden zu tauschen.*	☐ *unsachlich und zu wenig begründet (Klingeltöne sind bei einem Handy eher nebensächlich)*
F	***Tante Hildegard:*** *Ich finde eine Altersbeschränkung für Handys gut. Gerade junge Menschen lassen sich leichter von verbotenen Dingen wie z. B. Gewaltvideos faszinieren. Hier hilft das Alterslimit, den Trend einzuschränken, solche Darstellungen gegenseitig zu tauschen.*	☐ *sehr überzeugende Argumentation mit einem treffenden Beispiel*
G	***Vater Störtz:*** *Es ist wichtig, dass gerade die jungen Leute lernen, mit einem Handy umzugehen. Heutzutage entwickelt sich die Technik so schnell, da muss man schon dranbleiben!*	☐ *überzeugende Argumentation (könnte etwas ausführlicher sein, es fehlt ein Beispiel)*

Seite 28

2 *zum Beispiel:*

für (pro) Handyverbot

- ☐ *Handy kann zur Schuldenfalle werden*
- ☐ *gesundheitliche Risiken durch Strahlung*
- ☐ *Gewaltvideos werden leichter erstellt und ausgetauscht*
- ☐ *Konzentrationsfähigkeit lässt nach, weil Handys ablenken (man kann jederzeit SMS schreiben oder Spiele spielen)*

gegen (kontra) Handyverbot

- ☐ *Kontaktaufnahme mit Eltern möglich*
- ☐ *Kontaktpflege zu Gleichaltrigen, die ebenfalls ein Handy besitzen*
- ☐ *im Notfall hat man immer ein Telefon.*
- ☐ *Umgang mit technischem Gerät wird erlernt*
- ☐ *verantwortungsbewusster Umgang mit eigenem Geld wird erlernt*

3 *zum Beispiel:*

Behauptung: *Es ist durchaus zu befürworten, dass bereits Kinder unter 16 Jahren ein Handy besitzen und benutzen dürfen.*

Begründung: *So kann man im Notfall immer jemanden erreichen und ist dabei nicht auf eine Telefonzelle angewiesen.*

Beispiel: *Ich kann mich noch gut erinnern, wie aufgeregt meine Eltern vor zwei Monaten waren, als ich ihnen nicht mitteilen konnte, dass ich den Schulbus verpasst hatte, und folglich eine Stunde später als gewöhnlich nach Hause gekommen bin. Mit einem Handy hätte ich meine Eltern kurz verständigen können.*

4 *Die **Behauptung** ist jeweils **fett** gedruckt.*
Die Begründungen sind unterstrichen.
Die Beispiele sind so markiert: - - - - -

***1)** Soll es ein Handyverbot für Jugendliche unter 16 Jahren geben?*
***Es wäre gut, wenn Handys erst ab 16 Jahren benutzt werden dürften.** Jugendliche sind experimentierfreudig und erschließen sich neue Handyfunktionen auch in der Clique. So werden sie schnell mit den Gefahren der Handynutzung konfrontiert. Ein Gesichtspunkt, der für ein Alterslimit für Handys spricht, sind die hohen Kosten, die durch die Handynutzung entstehen. Gerade Jugendliche können die Kosten, die im Zusammenhang mit dem Handy aufkommen, oft nicht einschätzen und landen dann in der Schuldenfalle. Kostenverursacher können zum Beispiel SMS-Nummern sein, mit denen Klingeltöne und Spiele bestellt werden, oder auch TV-Gewinnspiele, an denen sich die Zuschauer per Handy beteiligen. Ein noch wichtigeres Thema in diesem Zusammenhang sind die so genannten „Snuff-Videos" (Videos mit brutalen Inhalten), die Jugendliche auf ihre Handys speichern und die dann auf Schulhöfen kursieren. Solche Videos motivieren Jugendliche dazu, selbst Gewalttaten zu begehen, um diese mit dem Handy zu filmen. Sie prügeln und verletzen dabei schwächere Personen oder zwingen Mitschüler zu erniedrigenden Handlungen. Diese Handyvideos werden auch dazu benutzt, um Mitschüler zu bedrohen und zu erpressen. So hat der Medienpädagoge Professor Thomas von der Twer jetzt in einer Studie festgestellt, dass es vor allem Jugendlichen zwischen 12 und 16 Jahren sichtlich mehr Vergnügen macht, einen unliebsamen Mitschüler zu demütigen oder gar zu quälen, wenn dies per Handy gefilmt wird und später noch anderen Personen gezeigt werden kann.*

Die Behauptung wird in diesem Abschnitt schon näher ausgeführt

Das 1. Argument wird erläutert

Beispiel zum 1. Argument

Das 2. Argument wird näher ausgeführt

Beispiel zum 2. Argument

***2)** Soll es ein Handyverbot für Jugendliche unter 16 Jahren geben?*
***Es ist durchaus zu befürworten, dass bereits Jugendliche unter 16 Jahren ein Handy besitzen und auch benutzen dürfen.** Gerade Handys haben den Alltag von Jugendlichen stark verändert und unterstützen sie in vielfältiger Weise. Sowohl Eltern als auch Kinder fühlen sich sicherer, wenn das Kind ein Handy dabeihat. „Mein Handy gibt mir Schutz", sagte eine Schülerin aus der 7. Klasse, als sie danach gefragt wurde, warum ihr das Handy so wichtig sei. Ich kann jederzeit meine Eltern anrufen, sie können mich erreichen, egal, wo ich bin." Darüber hinaus sind gerade jüngere Leute wenig mobil und auf ihre Eltern als Bring- und Abholservice angewiesen, da sie weder Auto- noch Mofaführerschein haben oder sich im Grundschulalter noch nicht trauen, alleine mit öffentlichen Verkehrsmitteln zu fahren. „Ich habe zwei Mal die Woche Fußballtraining", sagt der 13-jährige Ruben aus München. „Manchmal spielen wir nach dem Training einfach noch ein bisschen weiter. Weil ich ein Handy habe, kann ich dann meinem Vater Bescheid sagen, wenn wir fertig sind, und er braucht nicht auf mich zu warten. Als ich noch kein Handy hatte, war das nicht so leicht."*

Die Behauptung wird in diesem Abschnitt näher ausgeführt
1. Argument

Beispiel zum 1. Argument

2. Argument

Beispiel zum 2. Argument

5 *vgl. Umkreisungen in den Texten 1 und 2*

Seite 30

7 *zum Beispiel:*
Im Folgenden findest du zwei Stoffsammlung: eine pro Handyverbot und eine kontra Handyverbot

A) Stoffsammlung kontra Handyverbot
***Thema:** Soll es ein Handyverbot für Jugendliche unter 16 Jahren geben?*
***Behauptung (Meinung):** Ich bin gegen ein Handyverbot für Jugendliche unter 16 Jahren.*

Begründungen (Argumente)	***Beispiele***
3 mit einem Handy ist man immer erreichbar oder kann anrufen	*in einer Notsituation kann man z. B. jemanden anrufen oder die Eltern verständigen, wenn man z. B. etwas später nach Hause kommt*
2 Umgang mit Handy fördert technisches Wissen	*heutige Handy sind kleinere Computer, technisches Wissen, das auch für den späteren Beruf vorteilhaft sein kann, wird gefördert*
1 Verantwortungsbewusstsein wird gefördert	*Handyrechnung, die selbst bezahlt wird, fördert verantwortlichen Umgang mit Geld*

B) Stoffsammlung pro Handyverbot
Thema: *Soll es ein Handyverbot für Jugendliche unter 16 Jahren geben?*
Behauptung (Meinung): *Ich bin für ein Handyverbot für Jugendliche unter 16 Jahren.*

Begründungen (Argumente)	***Beispiele***
1 Vernachlässigung der Schule	*Kontaktpflege per Handys (z. B. SMS schreiben) ist zeitintensiv und lenkt ab → Hausaufgaben und Lernen werden nicht erledigt → Noten sinken im Extremfall ab*
2 Handy kann Schulden verursachen	*Handybenutzung (telefonieren, SMS, Klingeltöne) sehr teuer, Kosten werden oft nicht kontrolliert → viele Jugendliche haben Handyschulden*
3 Handyvideos können Gewaltbereitschaft fördern	*Handyvideos mit Gewalttaten werden zur Erpressung genutzt, die Möglichkeit des Filmens per Handy fördert Gewaltbereitschaft*

8 *siehe Nummerierungen in der obigen Tabelle*

9 *zum Beispiel:*
Hinweis: *Du kannst die einzelnen Gliederungspunkte entweder in Stichworten formulieren oder du schreibst zu jedem Gliederungspunkt einen kurzen Satz.*

Gliederungsbeispiel gegen Handyverbot:
A. Diskussion in Familie über Handyanschaffung
B. Gründe, die gegen eine Handynutzung unter 16 Jahren sprechen
I. Erlernen eines verantwortungsbewussten Umgangs mit eigenem Geld
II. Spielerisches Erlernen des Umgangs mit technischen Geräten
III. Erreichbarkeit auch in Notfällen
C. Handy erleichtert Alltag, kann Sorgen und Ärger ersparen

Gliederungsbeispiel für Handyverbot:
A. Diskussion in Familie über Handyanschaffung
B. Gründe, die gegen Handynutzung unter 16 Jahren sprechen
I. Vernachlässigung der Schule
II. Schulden durch Handy
III. Förderung der Gewaltbereitschaft durch Handyvideos
C. Verantwortungsvoller Umgang mit Handy erst ab 16 Jahren möglich

Du kannst auch so gliedern:
1 Einleitung
2 Hauptteil
2.1 erstes Argument
2.2 zweites Argument
2.3 drittes Argument
3 Schluss

Seite 31

10 *zum Beispiel:*
Hinweis: *Das Zitat der Medizinprofessorin Birgit Volk (vgl. Z. 14–15) musst du in der Argumentation in die indirekte Rede oder in einen Aussagesatz umformulieren.*

Die Überleitungen und Verknüpfungswörter sind unterstrichen.

Soll es ein Handyverbot für Jugendliche unter 16 Jahren geben?
Der Besitz eines Handys sollte erst ab dem 16. Lebensjahr erlaubt sein, weil die Finanzierung eines eigenen Handys mit 16 Jahren besser zu bewerkstelligen ist. Eine wichtige Rolle hierbei spielt, dass es mit 16 schon die Möglichkeit gibt, durch einen Gelegenheitsjob selbst Geld zu verdienen, sodass die Jugendlichen die anfallenden Handykosten selbst bezahlen können.
So ermittelte das Institut für Jugendforschung zum Beispiel, dass jeder Zehnte zwischen 13 und 16 Jahren in Deutschland durchschnittlich 150 Euro Schulden hat, wobei der Anteil an Handyschulden stark zugenommen hat.
Noch wichtiger aber ist, dass die Strahlung, die ein Handy aussendet, sehr gefährlich ist. Besonders Kinder und Jugendliche sind hier betroffen, weil ihr Nervensystem noch nicht vollständig entwickelt ist. Dies belegt auch eine Studie der Medizinprofessorin Birgit Volk von der Universität Bonn, die zu dem Ergebnis kommt, dass die Gefährdung durch Handystrahlung gerade für jüngere Kinder besonders gefährlich ist.

Seite 32

11 *a) und b)*
Einleitungsmöglichkeit: persönliches Erlebnis

Neben Gesprächen und Textmitteilungen sind es vor allem die Extras, die beim Handy Geld kosten. Das musste auch eine Freundin von mir feststellen, die sich verschiedene Klingeltöne heruntergeladen hatte und dann eine Handyrechnung von 35 Euro bekam. Da ein Handy leicht zu Schulden führen kann, möchte ich zeigen, weshalb ich der Meinung bin, dass man erst ab 16 Jahren ein Handy besitzen sollte.

Einleitungsmöglichkeit: aktuelles Ereignis

Nach dem Handyverbot an bayerischen Schulen wurde vor Kurzem in einem Artikel in der „Süddeutschen Zeitung" die Frage gestellt, ob man Handys generell erst ab einem Alter von 16 Jahren freigeben sollte. Da ich selbst mit 13 Jahren schon oft von den Vorzügen des Handys profitiert habe, kann ich mich nur gegen ein solches Verbot aussprechen. Die Gründe werde ich im Folgenden ausführen.

c) zum Beispiel:
Jeder sechste Jugendliche in Deutschland hat bereits einmal miterlebt, wie eine Prügelei mit dem Handy gefilmt wurde, und so wird immer wieder die Frage diskutiert, ob es nicht ein Handyverbot für Jugendliche unter 16 Jahren geben sollte. Da das Handy aber heute zu einem Alltagsgegenstand geworden ist, der in vielen Situationen äußerst hilfreich sein kann, möchte ich im Folgenden darlegen, warum ich gegen ein solches Handyverbot bin.

12 a)

Wie schon gesagt finde ich Handys gut. Hierfür spricht besonders, dass die Eltern ✓ anrufen können. Ein kurzer Anruf kann viel Ärger und Zeit ersparen.	*zu knapp und zu umgangssprachlich, besser → Wie bereits erwähnt befürworte ich die Handynutzung vor dem 16. Lebensjahr; ✓ jederzeit*
Da viele nicht die Kosten im Blick haben, die durch ein Handy entstehen können, kann ich nur abraten. Das ist meine Meinung und dazu stehe ich.	*genauer → viele Jugendliche* *wovon abraten (genauer) → von der Handynutzung vor dem 16. Lebensjahr* *ganz streichen oder durch einen abschließenden Gedanken ersetzen, z. B.: Die Finanzierung eines Handy ist für Jugendliche meiner Meinung nach nicht zu bewältigen.*

b) zum Beispiel:
Wie ich oben ausgeführt habe, ist es durchaus sinnvoll, ein Handy vor dem 16. Lebensjahr zu nutzen. Dabei ist meiner Meinung nach besonders der Aspekt der ständigen Erreichbarkeit wichtig, der gerade auch in Notfällen sehr hilfreich sein kann.

13 zum Beispiel:
Im Folgenden findest du eine Stellungnahme gegen ein Handyverbot für Jugendliche unter 16 Jahren.

	Gründe, warum die Stellungnahme gut ist:
Nach dem Publikwerden des Handyverbots an bayerischen Schulen, wurde in den Medien immer öfter die Frage gestellt, ob es nicht auch außerhalb der Schule sinnvoll wäre, Handys erst ab einem Alter von 16 Jahren benutzen zu dürfen. Da ich selbst mit 13 Jahren schon oft von den Vorzügen des Handys profitiert habe, kann ich mich nur gegen ein solches Verbot aussprechen und möchte im Folgenden die Gründe hierfür darlegen.	☐ *Die **Einleitung** führt in das Thema ein leitet dann zum Hauptteil über.*
*Der Besitz eines eigenen Handys fördert einen verantwortungsbewussten Umgang mit dem eigenen Geld, **denn wenn** Jugendliche ihre Handyrechnung selbst bezahlen müssen, werden sie sich sehr genau überlegen, welche Telefonate wirklich wichtig sind. Wer schon früh lernt, mit seinen Kosten zu haushalten, wird auch später mit seinem eigenen Geld besser haushalten können. **Aus eigener Erfahrung kann ich sagen**, dass die meisten Jugendlichen sehr diszipliniert mit ihrem Handykosten umgehen und die meisten sogar freiwillig ein Handy mit einer Guthaben-Karte verwenden, um so die laufenden Kosten im Blick zu haben.*	☐ *Im **Hauptteil** werden Argumente genannt und mit Beispielen belegt.* ☐ *Die Argumente sind nach dem Steigerungsprinzip angeordnet, das wichtigste Argument steht am Schluss.*
***Ein weiterer Gesichtspunkt ist**, dass die Jugendlichen durch die Handynutzung schon früh den Umgang mit technischen Geräten erlernen und dadurch Kenntnisse erwerben, die **zum Beispiel** auch für den Umgang mit einem Computer, einem E-Mail-Programm oder anderen Telekommunikationsmedien von Vorteil sind. Für das spätere Berufsleben sind diese Erfahrungen und Kenntnisse durchaus von Vorteil.*	
***Noch wichtiger aber ist**, dass man mit einem Handy auch in Notfällen immer erreichbar ist und sich dadurch sicherer fühlt. Mir ist es **beispielsweise** schon häufiger passiert, dass ich mich auf dem Nachhauseweg verspätet habe, **weil** ich den Bus oder die S-Bahn verpasst habe. Mit dem Handy konnte ich dann zu Hause anrufen und kurz Bescheid geben, dass ich später komme, und meine Eltern mussten sich nicht unnötig Sorgen machen.*	☐ *Die **Zusammenhänge** der Argumentation werden durch sprachliche Überleitungen, Wendungen und Konjunktionen deutlich.*
***Aus den dargelegten Gründen**, finde ich es durchaus sinnvoll, ein Handy bereits vor dem 16. Lebensjahr zu nutzen. Dabei ist **meiner Meinung nach** besonders der Aspekt der ständigen Erreichbarkeit wichtig, der gerade auch in Notfällen sehr hilfreich sein kann. Ein kurzer Anruf mit dem Handy kann also viel Kummer und Ärger ersparen.*	☐ *Im **Schluss** wird die eigene Meinung bekräftigt.*

Seite 33

1 zum Beispiel:

Gründe für (pro) Bungee-Springen	*Gründe gegen (kontra) Bungee-Springen*
☐ *Angst überwinden*	☐ *hohes Risiko, z. B. Verletzungsgefahr*
☐ *sich frei fühlen*	☐ *ist relativ teuer*
☐ *sich einer Herausforderung stellen*	☐ *Suchtgefahr*
☐ *macht Spaß, weil es was Neues ist*	☐ *Angst*
☐ *relativ sichere Extremsportart*	

3 *zum Beispiel:*
Behauptung pro Bungee-Springen: Ich befürworte das Bungee-Springen.
Behauptung kontra Bungee-Springen: Ich lehne das Bungeespringen ab.

5 *zum Beispiel:*
***Hinweis:** Du kannst die einzelnen Gliederungspunkte entweder in Stichworten formulieren oder du schreibst zu jedem Gliederungspunkt einen kurzen Satz.*

Gliederungsbeispiel kontra Bungee-Springen:
A. *Immer mehr Menschen suchen körperliche Herausforderungen.*
B. *Ich lehne das Bungee-Springen ab.*
   I. *Es ist eine Sportart, die süchtig machen kann.*
   II. *Es kostet sehr viel.*
   III. *Es bestehen gesundheitliche Gefahren.*
C. *Es bleibt ein Restrisiko.*

Gliederungsbeispiel pro Bungee-Springen:
A. *Immer mehr Menschen suchen körperliche Herausforderungen.*
B. *Ich befürworte das Bungee-Springen.*
   I. *Man erlebt etwas Neues.*
   II. *Man kann sich einer Herausforderung stellen.*
   III. *Es ist eine relativ sichere Extremsportart.*
C. *Bei richtiger Ausrüstung ist es eine sichere Sportart.*

Du kannst auch so gliedern:
1 *Einleitung*
2 *Hauptteil*
   2.1 *erstes Argument*
   2.2 *zweites Argument*
   2.3 *drittes Argument*
3 *Schluss*

Seite 34

6 *zum Beispiel:*
Im Folgenden findest du eine begründete Stellungnahme gegen das Bungee-Springen.

*Vor ein paar Tagen unternahm ich mit meinen Eltern einen Radausflug zur Ruderregatta in München und konnte dort miterleben, wie verschiedene Personen sich dem Nervenkitzel des Bungee-Springens aussetzten. Mein älterer Bruder war sofort davon begeistert und es entbrannte eine Diskussion innerhalb unserer Familie, ob Bungee-Springen zu befürworten ist. Meiner Meinung nach sprechen viele Gründe gegen diese Extremsportart, was ich **nachfolgend** näher darstellen will.*
***Zuerst** ist festzuhalten, dass Bungee-Springen eine Sportart ist, die süchtig machen kann, **weil** manche die Adrenalinstöße und das berauschende Glücksgefühl brauchen, die so ein Sprung auslösen kann. Um den „Kick" zu wiederholen, muss man erneut den Sprung wagen und dies kann unter Umständen zu einer Art Sucht werden. Von dieser Sucht berichten viele, die sich Extremes zumuten, **wie z. B.** Marathonläufer, Eiskletterer und Extrembergsteiger.*
***Was jedoch noch stärker gegen** das Bungee-Springen **spricht**, sind die hohen Kosten. **Da** der Sprung nur wenige Minuten dauert, ist ein Preis von etwa 90 Euro meiner Meinung nach sehr hoch. Gerade Personen, die in dieser Extremsportart ihre Leidenschaft entdeckt haben, müssen ihre Ersparnisse hauptsächlich in dieses eine Hobby stecken. **Besonders** problematisch wird es, wenn beispielsweise Jugendliche, die noch keine feste Arbeit haben, das Bungee-Springen als Freizeitbeschäftigung für sich entdeckt haben. Um ihrem Hobby nachgehen zu können, müssen sie Gelegenheitsjobs annehmen und verbringen im Extremfall den größten Teil ihrer Freizeit damit, sich ein paar Minuten Bungee-Springen zu finanzieren.*
***Das wichtigste Argument**, das gegen Bungee-Springen spricht, ist jedoch das gesundheitliche Risiko. **Auch wenn** die Anlage und die Ausrüstung in Ordnung sind, kann man sich beim Bungee-Springen schwer verletzen und es können körperliche Folgeschäden auftreten. So können **beispielsweise** die Augen geschädigt werden, **weil** beim Sprung ein hoher Druck auf den Organen lastet und auch die Wirbelsäule verletzt werden kann. **Darüber hinaus** besteht die Gefahr, dass beim Rebound, also beim Hochschleudern des Springers nach dem ersten Fall, Verletzungen in Form von Abschürfungen oder Prellungen auftreten, die durch das Seil verursacht werden.*
***Aus den angeführten Gründen** kann man sehen, welche Gefahren und negativen Seiten das Bungee-Springen hat. **Weil** bei dieser Sportart immer ein Restrisiko vorhanden ist und gefährliche Verletzungen nie ausgeschlossen werden können, lehne ich das Bungee-Springen ab und auch mein Bruder sollte sich gut überlegen, ob ihm ein Sprung dieses Risiko wert ist.*

Gründe warum die Stellungnahme gut ist:

- ☐ *Die **Einleitung** führt in das Thema ein und leitet dann zum Hauptteil über.*
- ☐ *Im **Hauptteil** werden Argumente genannt und mit Beispielen belegt.*
- ☐ *Argumente sind nach dem Steigerungsprinzip angeordnet, das wichtigste Argument steht am Schluss.*
- ☐ *Die **Zusammenhänge** der Argumentation werden durch sprachlichen Überleitungen, Wendungen und Konjunktionen deutlich.*
- ☐ *Im **Schluss** wird die eigene Meinung bekräftigt.*

Seite 36

2
1 = *Absender*
2 = *Ort und Datum*
3 = *Anschrift des Empfängers*
4 = *Bezug / Betreffzeile*
5 = *Anrede*
6 = *Einleitung*
7 = *Hauptteil*
8 = *Schluss*
9 = *Grußformel*
10 = *Unterschrift*

3 a) *Die* ***Behauptung*** *ist* ***fett*** *gedruckt.*
Die Begründungen sind unterstrichen.
Die Beispiele sind so markiert: - - - - - - -

Theodor Tierlieb
Fasanenweg 12
84320 Biedermannshausen

Biedermannshausen, 20. 6. 2008

Süddeutsche Zeitung
Redaktion: Leserbriefe
Sendlinger Str. 8
80331 München

Stellungnahme zum Artikel „Wenn Haustiere zur Plage werden" vom 19. 6. 2008

Sehr geehrte Damen und Herren,

mit Bestürzung habe ich gestern in Ihrer Zeitung den Artikel „Wenn Haustiere zur Plage werden" gelesen, in dem beschrieben wird, wie viele Haustiere einfach verwahrlosen oder gar ausgesetzt werden. Gerade Familien schaffen sich häufig Tiere als Spielzeug für ihre Kinder an. ***Deshalb bin ich der Meinung, dass man grundsätzlich keine Tiere an Familien mit Kindern verkaufen sollte.***
Kinder wünschen sich oft Tiere, mit denen sie noch gar nicht richtig umgehen können. Hamster, zum Beispiel, sind nachtaktiv und möchten nicht tagsüber einfach aus dem Käfig genommen und geknuddelt werden. Weil Kinder dies aber gerne tun, werden diese Tiere oft nicht alt oder sie werden von den Kindern schnell verletzt.
Dazu kommt, dass in den Städten viele Familien kaum Platz in den Wohnungen für ihre Kinder haben, geschweige denn noch für Tiere. Wenn diese aber nicht artgerecht gehalten werden, können sie mit der Zeit sehr aggressiv werden, weil sie sich dann irgendwann nicht mehr anders gegen ihre klägliche Situation zu wehren wissen. Erst kürzlich war in der Zeitung zu lesen, dass eine Familie in einer Zweizimmerwohnung in Nürnberg einen Rottweiler hielt, der den kleinen zweijährigen Jungen der Familie zu Tode biss.
Noch wichtiger aber ist, dass Kinder noch gar keine Verantwortung für ein Haustier übernehmen können. Es wird oft übersehen, dass Haustiere über sehr viele Jahre tagtäglich Pflege, Aufmerksamkeit und Zeit beanspruchen und dass dies Kinder einfach nicht leisten können. Die anfängliche Begeisterung meines Enkels über den neuen Hund legte sich beispielsweise auch sehr schnell. Heute trifft sich mein Enkel lieber mit Freunden und geht kaum noch mit dem Hund spazieren.
Ich kann nur davon abraten, Kindern ein Haustier zu kaufen. Tiere sind vom Umtausch ausgeschlossen. Das ist den meisten Familien jedoch leider noch nicht klar.

Mit freundlichen Grüßen

Theodor Tierlieb

b) *Behauptung (Meinung): Kein Tierverkauf an Familien mit Kindern*

Argumente (Begründungen)	***Beispiele***
1. Kinder können mit Tieren nicht richtig umgehen	*nachtaktive Hamster werden tagsüber aus Käfig genommen, geknuddelt, leben nicht lange, schnell verletzt*
2. keine artgerechte Haltung durch Platzmangel, Tiere werden aggressiv	*Zeitungsbericht: 2-jähr. Junge in Nürnberger 2-Zi.-Whg. von Rottweiler tot gebissen*
3. Kinder können keine Verantwortung für Tiere übernehmen	*Enkel trifft sich lieber mit Freunden als mit Hund spazieren zu gehen*

4 *In der Einleitung bezieht sich Herr Tierlieb auf einen Artikel in der „Süddeutschen Zeitung" und äußert seine Meinung dazu. Am Schluss bekräftigt er noch einmal seine Meinung.*

Seite 37

5 a) *Notiere in dem Cluster möglichst viele Gesichtspunkte (auch Beispiele), die dafürsprechen, dass es Tieren in Familien mit Kindern sehr gut geht. Folgende Tipps können dir helfen, eine Stoffsammlung anzulegen:*
- ☐ *Notiere, was dir spontan zum Thema einfällt.*
- ☐ *Stelle W-Fragen zum Thema (Wer ...?, Was ...?, Wo ...?, Wie ...?, Warum ...?, Welche Gründe ...? etc.)*

Seite 38

6 b) *zum Beispiel:*
Behauptung: *Tieren geht es in Familien mit Kindern sehr gut*

Argumente (Begründungen)	***Beispiele***
(2) Für Kinder sind Tiere Mitglieder der Familie	*Tiere haben ihren festen Platz als Familienmitglied, werden deshalb nicht vergessen und bekommen viel Aufmerksamkeit; wir nehmen Hund Othello mit in den Urlaub*
(1) Kinder können Verantwortung für Tiere übernehmen	*viele Kinder sind sehr gewissenhaft, informieren sich durch Tierbücher und holen sich bei Problemen rechtzeitig Rat (Eltern, Hundeschule)*
(3) Familien haben mehr Zeit für Tiere	*Hund unseres berufstätigen Nachbarn ganzen Tag eingesperrt; wir toben nach der Schule stundenlang draußen mit unserem Hund*

Seite 39

8 *zum Beispiel:*
Einleitung: *Bezug zu Herrn Tierliebs Leserbrief, Einspruch gegen seine Forderung, Kindern keine Haustiere zu kaufen; eigene Meinung*

Schluss: *Kinder oft bessere Haustierhalter als kinderlose Berufstätige; sinnvoller als Herrn Tierliebs Forderung: strengere Tierschutzgesetze gegen wirkliche Tierquäler*

9 *zum Beispiel:*
Hinweis: *Du kannst die einzelnen Gliederungspunkte entweder in Stichworten formulieren oder du schreibst zu jedem Gliederungspunkt einen kurzen Satz.*

A. *Stellungnahme zum Leserbrief von Herrn Tierlieb vom 20. 6. 2008 und seiner Meinung, dass Tiere nicht an Familien mit Kindern verkauft werden sollten.*
B. *Tieren geht es in Familien sehr gut.*
   I. *Kinder können Verantwortung für Tiere übernehmen.*
   II. *Für Kinder sind Tiere Mitglieder der Familie, die einen festen Platz haben.*
   III. *Familien haben mehr Zeit für Tiere.*
C. *Kinder sind oft bessere Haustierhalter als kinderlose Berufstätige; sinnvoller als Herrn Tierliebs Forderung wären strengere Tierschutzgesetze gegen wirkliche Tierquäler.*

Du kannst auch so gliedern:
1 *Einleitung*
2 *Hauptteil*
  2.1 *erstes Argument*
  2.2 *zweites Argument*
  2.3 *drittes Argument*
3 *Schluss*

Seite 40

10 *zum Beispiel:*
Die Verknüpfungswörter und Überleitungen sind unterstrichen.

Es trifft nicht zu, dass Kinder keine Verantwortung für Tiere übernehmen können, denn aus eigener Erfahrung kann ich sagen, dass Kinder durchaus ein Verantwortungsgefühl für ihr Haustier entwickeln. Wenn Eltern anfangs ein bisschen helfen und zum Beispiel Tipps zur Pflege und Haltung des Tieres geben, dann lernen Kinder sehr schnell, gewissenhaft mit dem Tier umzugehen.

Der wichtigste Punkt ist, dass Familien auch tagsüber Zeit haben, sich um das Haustier zu kümmern. Im Gegensatz zu berufstätigen, kinderlosen Erwachsenen haben Familien viel mehr Zeit, sich um das Haustier zu kümmern, denn Kinder können sich nach der Schule mit dem Hund beschäftigen und beispielsweise stundenlang mit ihm spazieren gehen oder im Garten herumtoben. Dagegen sind Hunde von kinderlosen Erwachsenen oft den ganzen Tag allein und müssen bis zum Abend auf Abwechslung warten.

11 *zum Beispiel:*

Gründe, warum diese Stellungnahme in Form eines Leserbriefs gut ist:

Karl Müller An den Wiesen 1 85556 Bergkirchen — *Bergkirchen, 24. 6. 2008* *Süddeutsche Zeitung Redaktion: Leserbriefe Sendlinger Str. 8 80331 München*	☐ *äußere Form des Leserbriefs ist korrekt*
Stellungnahme zum Leserbrief „Keine Tiere an Familien" von Theodor Tierlieb, SZ 21. 6. 2008 *Sehr geehrte Damen und Herren,*	
Herr Tierlieb vertritt in seinem Leserbrief die Meinung, dass Tiere in Familien mit Kinder nicht gut aufgehoben sind, und fordert daher, dass Tiere nicht mehr an Familien mit Kindern verkauft werden sollten. Als Kind in einer Familie mit einem Hund bin ich der Meinung, dass es Haustieren gerade in Familien sehr gut geht, und möchte dies näher erläutern.	☐ *Die* ***Einleitung*** *stellt dar, worauf sich der Leserbrief bezieht, die Meinung wird klar formuliert.*
Es trifft nicht zu, dass Kinder keine Verantwortung für Tiere übernehmen können, denn aus eigener Erfahrung kann ich sagen, dass Kinder durchaus ein Verantwortungsgefühl für ihr Haustier entwickeln. Wenn Eltern anfangs ein bisschen helfen und zum Beispiel Tipps zur Pflege und Haltung des Tieres geben, dann lernen Kinder sehr schnell, gewissenhaft mit dem Tier umzugehen.	☐ *Im* ***Hauptteil*** *werden Argumente genannt und mit Beispielen belegt.*
Ein weiterer Gesichtspunkt ist, dass Kinder ihr Haustier als Familienmitglied ansehen und deshalb das Tier einen festen Platz in der Familie hat. Daher werden die Tiere auch nicht vergessen und bekommen viel Aufmerksamkeit. Wir nehmen unseren Hund Othello zum Beispiel immer auf Reisen mit und würden unsere Unternehmungen nicht ohne ihn planen.	☐ *Die* ***Argumente*** *sind nach dem* ***Steigerungsprinzip*** *angeordnet, das wichtigste Argument steht am Schluss.*
Der wichtigste Punkt aber ist, dass Familien auch tagsüber Zeit haben, sich um das Haustier zu kümmern. Im Gegensatz zu berufstätigen, kinderlosen Erwachsenen haben Familien viel Zeit, sich um das Haustier zu kümmern, denn Kinder können sich nach der Schule mit dem Hund beschäftigen und beispielsweise stundenlang mit ihm spazieren gehen oder im Garten herumtoben. Dagegen sind Hunde von kinderlosen Erwachsenen oft den ganzen Tag allein und müssen bis zum Abend auf Abwechslung warten.	☐ *Die Zusammenhänge werden durch Überleitungen, Wendungen und Konjunktionen deutlich.*
Aus den dargelegten Gründen kann man sehen, wie viele Vorteile es hat, wenn Tiere in Familien leben können. Das von Herrn Tierlieb geforderte Verkaufsverbot von Tieren an Familien ist daher völlig unsinnig, weil Familien oft geeigneter für eine Haustierhaltung sind als kinderlose Berufstätige. Sinnvoller als Herrn Tierliebs Forderungen wären strengere Tierschutzgesetze gegen wirkliche Tierquäler.	☐ *Der* ***Schluss*** *rundet das Thema ab; die Meinung wird bekräftigt und ein Vorschlag gemacht.*
Mit freundlichen Grüßen *Karl Müller*	

Seite 41

1 *zum Beispiel:*
Ich bin für die Abschaffung von Schulnoten.

2 *zum Beispiel:*
eigene Meinung (Behauptung): *Ich bin für die Abschaffung von Schulnoten.*

Gründe, die dafürsprechen:

- ☐ *Schulnoten ungerecht (2)*
- ☐ *Verderben Freude am Schulfach (1)*
- ☐ *Hilfe mancher Eltern bei Referaten*
- ☐ *Geschichte macht mir wegen der vielen zu lernenden Daten keinen Spaß mehr*
- ☐ *Leistungsdruck blockiert Lernen (3)*
- ☐ *Wissenschaftlich bewiesen, dass Schulangst krank macht*
- ☐ *Eigene Erfahrung :bei letzter Englisch-Prüfung, „Black-out"*
- ☐ *Viele Schüler mogeln, ohne dass die Lehrerin es merkt*
- ☐ *oft stundenlanges Auswendiglernen von Fakten*
- ☐ *Schulunlust durch schlechte Noten*

3 *vgl. Lösungen unter Aufgabe 2*

Die Punkte, die sich als Argumente eignen, sind unterstrichen.
Die Punkte, die man als Beispiele verwenden könnte, sind so gekennzeichnet: ---------------

4 *a) zum Beispiel:*
Im Internet bin ich auf die Seite der Kinderrechtsgruppe K.R.Ä.T.Z.Ä. gestoßen. Hier habe ich erfahren, dass ...

- ☐ *jedes Jahr Aufkleberaktion mit der ihr Schüler auffordert, aus Protest gegen das Notensystem die Zeugnisse wegzuschmeißen*
- ☐ *auch ich der Meinung, dass Schulnoten abgeschafft werden sollten, im Folgenden Gründe hierfür*

b) Aus den dargelegten Gründen bin ich der Meinung, dass

- ☐ *Noten fördern nicht das Lernen, sollten abgeschafft werden*
- ☐ *Ich finde eure Aktion gut und will euch unterstützen*
- ☐ *Bitte, Aufkleber zuzuschicken*

Seite 42

5 *zum Beispiel:*
Hinweis: *Du kannst die einzelnen Gliederungspunkte entweder in Stichworten formulieren oder du schreibst zu jedem Gliederungspunkt einen kurzen Satz.*

A. Ich bin durch das Internet auf K.R.Ä.T.Z.Ä aufmerksam geworden.

B. Ich bin für die Abschaffung von Schulnoten.

I. Noten verderben die Freude am Schulfach.
II. Schulnoten sind ungerecht.
III. Leistungsdruck blockiert das Lernen.

C. Ich befürworte die Aktion und bitte um die Zusendung von 100 Aufklebern.

Du kannst auch so gliedern:

1 Einleitung

2 Hauptteil
2.1 erstes Argument
2.2 zweites Argument
2.3 drittes Argument

3 Schluss

Gründe, warum diese Stellungnahme in Form eines Leserbriefs gut ist:

Franzi Huber *Gartenring 4* *96047 Bamberg* *Kinderrechtsprojekt K.R.Ä.T.Z.Ä.* *Dunckerstr. 11* *10437 Berlin* *Bamberg, den 20. 10. 2008*	□ *äußere Form des Leserbriefs ist korrekt*
Aufkleberaktion am Schuljahresende: Zeugnisse in den Mülleimer *Liebe Kinderrechtsgruppe K.R.Ä.T.Z.Ä.,* *im Internet bin ich auf die Seite der Kinderrechtsgruppe K.R.Ä.T.Z.Ä. gestoßen. Hier habe ich erfahren, dass ihr jedes Jahr eine Aufkleberaktion startet, mit der ihr die Schüler auffordert, aus Protest gegen das Notensystem die Zeugnisse wegzuschmeißen. Auch ich bin der Meinung, dass Schulnoten abgeschafft werden sollten, und habe hierfür folgenden Gründe.*	□ *Die* ***Einleitung*** *stellt dar, worauf sich der Leserbrief bezieht, die Meinung wird klar formuliert.*
Zunächst haben Schulnoten den Nachteil, dass sie einem die Freude an einem Fach verderben können, weil nicht die interessanten Inhalte, sondern die Notengebung im Mittelpunkt des Unterrichts steht. Um eine gute Note zu erzielen, muss man oft eine Menge Daten einfach auswendig lernen und die wirklich interessanten Diskussionen über ein bestimmtes Thema oder spannende Projektarbeiten kommen zu kurz. Ich habe mich zum Beispiel im letzten Schuljahr sehr auf Geschichte gefreut, weil mich das Fach wirklich interessiert. Aber bei unserem Geschichtslehrer Herrn Schönwetter mussten wir immer nur eine Menge Daten für die bevorstehenden Tests auswendig lernen, sodass mir der Geschichtsunterricht schon bald keinen Spaß mehr gemacht hat.	□ *Im* ***Hauptteil*** *werden Argumente genannt und mit Beispielen belegt.* □ *Die* ***Argumente*** *sind nach dem* ***Steigerungsprinzip*** *angeordnet, das wichtigste Argument steht am Schluss.*
Ein weiterer wichtiger Gesichtspunkt ist, dass Schulnoten oft ungerecht sind. Gerade bei mündlichen Noten ist es so, dass häufig nicht die Leistung eines Schülers, sondern sein Verhalten und seine Persönlichkeit bewertet werden. Auch bei einigen Schulaufgaben ist die Benotung oft ungerecht. In einer Studie hat man beispielsweise festgesellt, dass ein und dieselbe Arbeit von verschiedenen Lehrern mit Noten von „Sehr gut" bis „Nicht genügend" beurteilt worden ist.	□ *Die Zusammenhänge werden durch Überleitungen, Wendungen und Konjunktionen deutlich.*
Das wichtigste Argument, das gegen Schulnoten spricht, ist, dass durch die Noten ein Leistungsdruck aufgebaut wird, der das Lernen blockiert und sogar krank machen kann. Wenn man vor einer Prüfung aufgeregt ist, wird die Prüfung wahrscheinlich schlechter ablaufen als ohne Prüfungsangst. Eine schlechte Prüfung führt aber auch zu einer schlechteren Schulnote, wodurch man dann noch mehr unter Druck gerät. Gerade junge Leute verlieren dann aber oft den Glauben an sich selbst, haben Versagensängste und können dadurch überhaupt keine Leistung mehr bringen. Ich habe das auch schon erlebt. Erst letzte Woche ist es mir bei einer Englisch-Vokabel-Prüfung so ergangen. Ich hatte mich wirklich gut vorbereitet, aber als mir meine Englischlehrerin sagte, dass ich zwischen zwei Noten stehe, hat mich das so unter Druck gesetzt, dass ich mich an ganz viele Wörter plötzlich nicht mehr erinnern konnte, und die Note fiel schlecht aus. Danach hatte ich lange das Gefühl, versagt zu haben, und habe an mir selbst gezweifelt.	
Aus den dargelegten Gründen bin ich der Meinung, dass Noten nicht das Lernen fördern und daher abgeschafft werden sollten. Weil ich eure Aktion gut finde und euch unterstützen will, wäre es schön, wenn ihr mir ca. 100 Aufkleber zusenden könntet, damit ich sie rechtzeitig zum Schuljahresende auch in unserer Stadt verteilen kann und so auf eure Aktion aufmerksam machen kann. *Ich danke euch schon im Voraus.* *Mit freundlichen Grüßen* *Franzi Huber*	□ *Der* ***Schluss*** *rundet das Thema ab; die Meinung wird bekräftigt und eine Bitte formuliert.*

Seite 44

3 *zum Beispiel:*

Referatsthema	*Informationsquellen*
Die Aktivitäten der Umweltschutzorganisation „Greenpeace“	*die Organisation selbst (Internet, Broschüren, Informationsblätter), Zeitschriften- und Zeitungsartikel zu aktuellen Aktivitäten*
Nationalparks in Bayern	*Fachbücher, Reiseführer, Internet*
Tierversuche	*Tierschutzorganisationen (Internet), Fachbücher, Zeitschriften mit Berichten zum Thema*
Das Leben auf einer Burg im Mittelalter	*Fachbücher, Nachschlagewerke, Internet, evtl. Besuch einer Burg mit Führung (Fachleute befragen)*

4 *zum Beispiel:*

- *Wer lebte auf einer Burg?*
- *Was ist eigentlich eine Burg?*
- *Welche Räume gehören zu einer Burg?*
- *Wie ernährten sich die Menschen?*
- *Warum lebte man auf einer Burg?*
- *Wie wurde das Leben auf der Burg finanziert?*
- *Womit beschäftigten sich die Bewohner einer Burg?*
- *Wie sah der Alltag aus?*
- *Welche Burgtypen gab es?*
- *Wann wurden Burgen gebaut?*
- *Zu welchem Zweck wurden Burgen gebaut?*

Seite 46

5 *zum Beispiel:*
Die wichtigsten Informationen sind unterstrichen, am Rand findest du Stichwörter zum Inhalt.

Leben auf der Burg
Das Leben auf einer Burg war sicher weniger romantisch, als wir es uns heute vorstellen. Kühl und zugig muss es hinter den dicken Mauern gewesen sein. Nur wenige Räume waren beheizbar. Noch im 13. Jahrhundert gab es kaum Glasfenster, die Scheiben wurden mit Holzläden oder Tierblasen verschlossen. In Stroh und Spreu, mit dem man oft den Fußboden bedeckte, wimmelte es von Ungeziefer. Nachts waren Gänge und Treppen unbeleuchtet. Mobiliar gab es wenig: Man hatte Tische, Bänke und Truhen und – als einziges bequemes Möbel – das Bett.

- *Burgleben war hart und unbequem*

Im frühen Mittelalter lebten die Menschen in ständiger Furcht vor Angriffen. Die Könige und ihre Fürsten suchten deshalb nach Möglichkeiten, sich und ihre Untertanen zu schützen. So ließen sie Burgen (Höhenburgen) errichten, von denen aus sie das Land überwachen konnten und die der Bevölkerung bei Gefahr als Zufluchtsort dienten. Diese Burgen wurden an schwer angreifbaren Plätzen wie Hügeln errichtet. Eine andere Art von Burgen, die Wasserburgen, wurden an Flüssen erbaut, um die Handelswege zu überwachen. Schiffe, die den Fluss nutzten, mussten dann dem Burgherrn Zoll zahlen. Um die Burgen herum entstanden Dörfer. Wenn ein Angriff drohte, gab der Turmwächter den Menschen mit einem Signalhorn oder mit Alarmglocken ein Zeichen, sich mit Tieren und Vorräten hinter die Burgmauern zurückzuziehen.

- *Burgen wegen Furcht vor Angriffen*
- *zwei Burgtypen:*
  Höhenburg (auf Hügeln), Wasserburg (an Flüssen)

Die beiden wichtigsten Bestandteile einer Burg waren der Bergfried (Wachturm) und der Palas (Wohngebäude). Je größer Rang, Ansehen und Reichtum eines Adligen waren, desto größer war seine Burg, die auch ein Symbol seiner Macht darstellte.

- *Bestandteile einer Burg: Bergfried (Wachturm), Wohngebäude (Palas)*

Das Wohngebäude einer Burg war folgendermaßen aufgeteilt: Im obersten Geschoss lagen die Wohnräume für die Familie des Burgherrn. Im ersten Stock befand sich meist ein großer Saal. Dort wurden die täglichen Mahlzeiten eingenommen, aber auch Feste, Zeremonien und Gerichtstage abgehalten. Darunter gab es noch mehrere Nutzräume und ganz unten befand sich der Vorrats- und Weinkeller. Im Wohngebäude lag meist auch die Burgkapelle, nur in größeren Burgen war sie in einem Extragebäude untergebracht.

- *Aufteilung der Wohngebäude*

Die Pferdeställe, die Schmiede und die Backstube sowie die Gesindehäuser, in denen die Waffenknechte und Handwerker, Diener und Mägde wohnten, reihten sich entlang der Burgmauer aneinander. Auch die Küche war wegen der Feuergefahr meist außerhalb des Wohngebäudes im Burghof untergebracht. Im Burghof gab es

- *Gebäude entlang der Burgmauer und im Burghof*

außerdem einen Gemüse- und Kräutergarten, manchmal auch Hühner- und Schweineställe sowie einen Brunnen. Das Burgtor war durch ein Fallgitter und eine Zugbrücke besonders stark geschützt. Die Burg überragte ein großer Wachturm, der Bergfried, von dem aus die Umgebung überwacht werden konnte. Er diente den Burgbewohnern auch als letzter Rückzugsort bei Angriffen und war nur über eine Leiter zu betreten, die bei Bedarf schnell entfernt werden konnte. In seiner Tiefe befand sich oft das Verlies.

Auf einer mittelalterlichen Burg lebten etwa 60 bis 80 Menschen: neben der Familie des Burgherrn vor allem Knechte und Mägde sowie Ritter und Soldaten zum Schutz der Burg. Der Burgherr kümmerte sich um die Verwaltung der Ländereien, sorgte für die Waffenausbildung seiner Männer und sprach bei Streitigkeiten unter den Bauern Recht. Die Burgherrin war in erster Linie für die Hauswirtschaft verantwortlich. Doch wenn ihr Mann in den Krieg zog, was oft genug vorkam, oblag ihr die gesamte Verwaltung. Sie überwachte die Arbeit der Knechte und Mägde und kümmerte sich um die Vorräte. Edelfrauen konnten oft besser schreiben, lesen und rechnen als ihre Männer. Sie waren es, die Bücher lasen und vorlasen oder Musikinstrumente wie Harfe oder Laute spielten. Ihre wichtigste Aufgabe war jedoch, für viele Kinder und damit Erben zu sorgen – über zehn Geburten waren keine Seltenheit.

Getreidebrei oder Brot, das in eine Mischung aus Wasser, Wein und Honig getunkt wurde – so sah oft das Frühstück der Burgbewohner aus. Zum Abendessen gab es vielleicht Bohnen mit Speck, Erbsbrei oder auch einmal einen Spießbraten. Die Speisen wurden in der Burgküche zubereitet. Fleisch briet man entweder am Spieß über dem Feuer oder kochte es in einem Kessel. Oft stammte es von älteren Tieren und war so zäh, dass es erst gekocht und dann gebraten werden musste, damit es weich wurde. Diese mühevolle Zubereitung hatte auch mit dem schlechten Zustand der Zähne zu tun: Richtig zubeißen konnten viele Ritter oft nicht mehr. Als Würze dienten Kräuter aus dem Burggarten: Minze, Petersilie, Raute, Salbei, Kerbel, Dill, Meerrettich, Zwiebel, Kümmel oder Liebstöckel. Bei Festmahlen kamen auch ausländische Gewürze wie Pfeffer, Zimt, Ingwer, Gewürznelken, Safran oder Muskatnuss in großen Mengen zum Einsatz. Sie waren sehr teuer und ihr verschwenderischer Gebrauch diente vor allem dazu, den Reichtum des Gastgebers zu demonstrieren. Nur Ehrengäste hatten eine eigene Essschüssel. Die gewöhnlichen Gäste teilten sich Schüssel und Trinkgefäß mit ihrem Nachbarn. In die Teller oder Tischmulden wurden als Unterlage dicke Brotscheiben gelegt, die die verschiedenen kräftigen Soßen aufsogen. Die Brotreste wurden dann nach dem Festmahl an die Armen und Bettler verteilt.

- ☐ *Wachturm mit Verlies*
- ☐ *Bewohner der Burg*
- ☐ *Aufgabe des Burgherrn*
- ☐ *Aufgabe der Burgherrin*
- ☐ *Speisen*
- ☐ *Einnahme der Mahlzeiten*

Mögliche Überschriften für die einzelnen Sinnabschnitte:

1. Abschnitt (Z. 1–8): Lebensbedingungen auf einer Burg im 13. Jahrhundert
2. Abschnitt (Z. 9–27): Gründe und geeignete Orte für den Burgbau; Burgtypen
3. Abschnitt (Z. 28–49): Gebäude und Räume einer Burg
4. Abschnitt (Z. 50-61): Burgbewohner und ihre Aufgaben
5. Abschnitt (Z. 62–79): Arten der Speisen und Einnahme der Mahlzeiten

Beispiel für eine Zusammenfassung:

Lebensbedingungen auf einer Burg im 13. Jahrhundert
- ☐ keine Heizung, keine richtigen Glasfenster (stattdessen Holzläden oder Tierblasen) → Kälte
- ☐ Fußboden wurde mit Stroh und Streu bedeckt, in dem es Ungeziefer gab
- ☐ kaum Beleuchtung
- ☐ wenige Möbel, nur Tische, Bänke, Truhen und Betten

Burgtypen: Gründe und geeignete Orte für den Bau einer Burg
- ☐ Könige und Fürsten errichten Burgen, um sich und ihre Untertanen vor Angriffen zu schützen
- ☐ zwei Burgtypen: Höhenburgen und Wasserburgen
  - ☐ Höhenburgen: auf Hügeln gebaut → gute Überwachung möglich, Zufluchtsort für die Bevölkerung
  - ☐ Wasserburg: an Flüssen erbaut → Überwachung der Handelswege, Zolleinnahmen, wenn Schiffe Fluss passieren
- ☐ um die Burgen herum entstanden Dörfer; bei einem Angriff bekam Bevölkerung ein Signal → Rückzug hinter die Burgmauern (Schutz vor Angriff)

Gebäude und Räume einer Burg
- ☐ Burg war auch Symbol der Macht → je größer Reichtum und Ansehen eines Adligen, desto größer die Burg
- ☐ Grundbestandteile einer Burg: Bergfried (Wachturm) und Palas (Wohngebäude)

1) Aufteilung des Palas (Wohngebäude)
  - ☐ oberstes Geschoss: Familie des Burgherrn
  - ☐ 1. Geschoss: großer Saal für Feste, Zeremonien, Gerichtsverhandlungen
  - ☐ Erdgeschoss: Nutzräume
  - ☐ Vorrats- und Weinkeller
  - ☐ Burgkapelle meist im Palas (in großen Burgen: Extragebäude)

2) Gebäude entlang der Burgmauer und im Burghof
- Entlang der Burgmauer: Pferdeställe, Schmiede, Backstube, Gesindehäuser für Diener, Mägde und Handwerker
- Im Burghof: Küche (wegen Feuergefahr), Gemüse- und Kräutergarten, Brunnen, manchmal Hühner- und Schweineställe
- Burgtor mit Zugbrücke

3) Bergfried (Wachturm)
- Zweck: Überwachung der Umgebung, letzter Rückzugsort bei Angriffen (nur über Leiter erreichbar), Verlies

Burgbewohner und ihre Aufgaben
- ca. 60–80 Menschen: Familie des Burgherrn, Knechte, Mägde, Ritter und Soldaten
- Burgherr: Verwaltung der Ländereien, Waffenausbildung, Rechtsprechung
- Burgherrin: Hauswirtschaft, bei Bedarf auch Verwaltung (wenn Burgherr im Krieg), Kinder
  → oft gebildeter als Burgherren

Arten der Speisen und Einnahme der Mahlzeiten
- Frühstück: Getreidebrei oder Brot, das in Flüssigkeit aus Wasser, Wein und Honig getunkt wurde
- Abendessen: Bohnen mit Speck, Erbsbrei, manchmal Fleisch (Spießbraten, oft sehr zäh)
- Gewürze:
  - Kräuter aus dem Burggarten (Minze, Petersilie, Raute, Salbei, Kerbel, Dill, Meerrettich, Zwiebel, Kümmel, Liebstöckel)
  - bei Festmahl auch sehr teure ausländische Gewürze (Pfeffer, Zimt, Ingwer, Gewürznelken, Safran, Muskatnuss), um Reichtum des Burgherrn zu zeigen
- nur Ehrengäste eigene Essschüsseln, andere Gäste teilten sich Schüsseln und Trinkgefäße mit Nachbarn
- Brotscheiben in Tellern oder Tischmulden dienten als Unterlage zum Aufsaugen der Soßen
- Brotreste wurden an die Armen verteilt

6 a) *zum Beispiel:*
- *Wie wurde das Leben auf der Burg finanziert?*
- *Womit beschäftigten sich die Bewohner einer Burg?*
- *Wann gab es Turniere?*
- *Wie verlief ein Turnier?*

b) *Im Folgenden findest du Tipps für die Suche in einer Bibliothek oder Bücherei:*
In Büchereien oder Bibliotheken ist es oft nicht einfach, bestimmte Bücher zu finden. Deshalb gibt es in den Bibliotheken so genannte Kataloge, die entweder in Karteiform oder elektronisch als Datenbank im Computer vorliegen. Diese Kataloge geben dir einen Überblick über den gesamten Bestand der Bibliothek (Bücher, Zeitschriften etc.).

1) Kataloge in Karteiform (Zettelkataloge):
Hier kannst du alphabetisch nach dem Namen eines Autors, nach dem Namen eines Buches oder nach einem Schlagwort/Suchbegriff (z.B. „Burg“, „Turnier“) suchen.
TIPP: Die Angestellten der Bücherei erklären dir die Handhabung der Kataloge und informieren dich, nach welchem Prinzip die Kataloge geordnet sind.

2) Elektronischer Katalog
(Online Katalog; OPAC = Online Public Access Catalogue)
Der Online-Katalog funktioniert ähnlich wie eine Suchmaschine im Internet. Auf einem Bildschirm erscheint eine Suchmaske. Hier kannst du verschiedene Suchbegriffe eingeben, z.B.:
- *den Namen eines Autors oder einer Autorin,*
- *den Namen eines Titels oder*
- *ein bestimmtes Schlagwort (einen Suchbegriff).*

Zusätzlich kannst du deine Suche verfeinern, indem du einen bestimmten Medientyp (z.B. Buch, CD-ROM etc.) auswählst.
TIPP: Bei der Suche nach Büchern im OPAC musst du „tüfteln“ und darfst nicht gleich aufgeben. Oft sind mehrere Versuche nötig, um das Richtige zu finden. Probiere einfach aus!

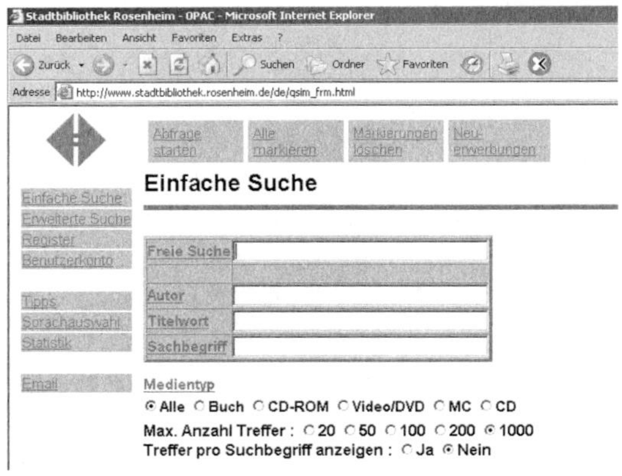

Seite 47

7 *Die folgende Gliederung des Hauptteils bezieht sich nur auf den Text in diesem Teilkapitel. Wenn du weiteres Material recherchiert hast, musst du die Inhalte an geeigneten Stellen einfügen.*

1. Lebensbedingungen auf einer Burg im 13. Jahrhundert
- keine Heizung, keine richtigen Glasfenster (stattdessen Holzläden oder Tierblasen) → Kälte
- Fußboden mit Stroh und Streu bedeckt → Ungeziefer
- kaum Beleuchtung
- wenige Möbel (nur Tische, Bänke, Truhen, Betten)

2. Burgtypen: Gründe und geeignete Orte für den Bau einer Burg

a) Schutz vor Angriffen (Höhenburg)
- ☐ Burg diente zur Überwachung und als Zufluchtsort für die Bevölkerung
- ☐ lag auf Hügeln

b) Überwachung der Handelswege (Wasserburg)
- ☐ Einnahmen durch Zollabgaben der passierenden Schiffe
- ☐ lag an Flüssen
- ☐ um die Burgen herum entstanden Dörfer; bei einem Angriff bekam Bevölkerung ein Signal → Rückzug hinter die Burgmauern (Schutz vor Angriff)

3. Gebäude und Räume einer Burg
- ☐ Burg = Machtsymbol → je größer Reichtum und Ansehen eines Adligen, desto größer die Burg
- ☐ Grundbestandteile einer Burg: Bergfried (Wachturm) und Palas (Wohngebäude)

a) Aufteilung des Palas (Wohngebäude):
- ☐ oberstes Geschoss: Familie des Burgherrn
- ☐ 1. Geschoss: großer Saal für Feste, Zeremonien, Gerichtsverhandlungen
- ☐ Erdgeschoss: Nutzräume, darunter: Vorrats- und Weinkeller
- ☐ Burgkapelle meist im Palas (in großen Burgen: Extragebäude)

b) Burgmauer und im Burghof:
- ☐ entlang der Burgmauer: Pferdeställe, Schmiede, Backstube, Gesindehäuser
- ☐ Burghof: Küche (wegen Feuergefahr), Gemüse- und Kräutergarten, Brunnen, manchmal Hühner- und Schweineställe

c) Bergfried (Wachturm)
- ☐ Zweck: Überwachung der Umgebung
- ☐ sicherster Rückzugsort bei Angriffen (nur über Leiter erreichbar), Verlies

d) Burgtor mit Zugbrücke

4. Burgbewohner und ihre Aufgaben
- ☐ ca. 60–80 Menschen: Familie des Burgherrn, Knechte, Mägde, Ritter und Soldaten
- ☐ Burgherr: Verwaltung der Ländereien, Waffenausbildung, Rechtsprechung
- ☐ Burgherrin: Hauswirtschaft, bei Bedarf auch Verwaltung (wenn Burgherr im Krieg), Kinder
  → oft gebildeter als Burgherren

5. Arten der Speisen und Einnahme der Mahlzeiten

a) Speisearten
- ☐ Frühstück: Getreidebrei oder Brot, das in Flüssigkeit aus Wasser, Wein und Honig getunkt wurde
- ☐ Abendessen: Bohnen mit Speck, Erbsbrei, manchmal Fleisch (oft sehr zäh)
- ☐ Gewürze:
  a) Kräuter aus dem Burggarten (Minze, Petersilie, Raute, Salbei, Kerbel, Dill, Meerrettich, Zwiebel, Kümmel, Liebstöckel)
  b) bei Festmahl auch teure ausländische Gewürze, um Reichtum des Burgherrn zu zeigen (z.B. Pfeffer, Zimt, Ingwer, Gewürznelken, Safran, Muskatnuss)

b) Einnahme der Mahlzeiten
- ☐ nur Ehrengäste eigenes Essgeschirr, andere Gäste teilten sich Geschirr mit Nachbarn
- ☐ Brotscheiben in Tellern oder Tischmulden dienten zum Aufsaugen der Soßen
- ☐ Brotreste wurden an die Armen verteilt

8 a)

	gut	weniger gut	schlecht
„So, hallo, ich halte jetzt ein Referat über Burgen." *Begründung: Interesse der Zuhörer wird nicht geweckt*		X	
Folie oder Plakat von einer Burg zeigen *Begründung: „Augenöffner" am Anfang, Bild von einer Burg macht das Thema anschaulich*	X		
Bild von Ritter, Vorwissen der Mitschüler erfragen *Begründung: Die Mitschüler werden beteiligt.*	X		
Gliederungspunkte des Referats mit Folie präsentieren *Begründung: übersichtlich, aber für die Mitschüler eher langweilig*		X	
„Frau Maier hat gesagt, ich soll ein Referat halten." *Begründung: Es entsteht der Eindruck, dass du dich gar nicht selbst für das Thema interessierst.*			X

b) *zum Beispiel:*
- ☐ *eine interessante Frage*
- ☐ *ein Filmausschnitt*
- ☐ *Einspielen von Musik (hier mittelalterliche Musik)*
- ☐ *ein interessantes Zitat*

Seite 48

10 *Hier findest du einen Tipp, wie du im Internet nach Bildern suchen kannst:*

Findest du in Büchern keine geeigneten Bildmaterialien, bietet es sich an, im Internet auf die Suche zu gehen. Unter www.google.de findest du eine geeignete Suchmaschine. Um nur Bilder als Suchergebnis zu erhalten, klickst du zunächst auf „Bilder" und gibst anschließend deine Suchbegriffe ein.

In dieses Suchfeld schreibst du Themen und Begriffe, zu denen du Bilder suchst, z.B.:

- [ ] *Wasserburg*
- [ ] *Höhenburg*
- [ ] *Mittelalter + Mahlzeit*

Oft ist es hilfreich, die Suche einzugrenzen oder zu verfeinern, indem man zwei Suchbegriffe miteinander verbindet, z. B.: Mittelalter + Mahlzeit (es werden Seiten angezeigt, die beide Begriffe enthalten).

Seite 49

1. Teil (Kompetenzbereich I): Textzusammenfassung und Textverständnis
Aufgaben zum Text „Geheimer Verführer mit Stehvermögen" (▷ S. 49) und zu einer Grafik (▷ S. 54).

1 ***Punkteverteilung für die Aufgabe 1:***
Für jedes richtige Kreuz erhältst du einen Punkt. Du kannst also insgesamt sechs Punkte erreichen.
Hast du in einem Abschnitt (Kästchen) ein falsches Kreuz oder mehr als ein Kreuz gesetzt, bekommst du für diesen Abschnitt (dieses Kästchen) keinen Punkt.

Abschnitt 1 (▷ Z. 1–6)
- [x] *Litfaßsäulen: unerwartete Folgen*
- [ ] *Unfälle im Straßenverkehr*
- [ ] *Attraktive Frauen*
- [ ] *Werbung vor 150 Jahren*

Abschnitt 2 (▷ Z. 7–17)
- [x] *Die Geschichte der Litfaßsäule*
- [ ] *Die Entdeckung der Litfaßsäule*
- [ ] *Die Materialien der Litfaßsäule*
- [ ] *Die Stadtverschönerung durch Litfaßsäulen*

Abschnitt 3 (▷ Z. 18–27)
- [ ] *Litfaßsäulen – Wunder der Technik*
- [ ] *Litfaßsäulen – ein teures Vergnügen*
- [ ] *Vor- und Nachteile von Litfaßsäulen*
- [x] *Weiterentwicklung der Litfaßsäule*

Abschnitt 4 (▷ Z. 28–33)
- [ ] *3-D-Computer für Litfaßsäulen*
- [ ] *Holz, Beton oder Stahl*
- [ ] *Vor- und Nachteile von Werbung auf Litfaßsäulen*
- [x] *Vor- und Nachteile moderner und traditioneller Varianten*

Abschnitt 5 (▷ Z. 34–42)
- [ ] *Wo Litfaßsäulen Aufmerksamkeit erzeugen*
- [x] *Litfaßsäulen – vielseitige Verwendung und ruhmreiche Momente*
- [ ] *Die Litfaßsäule als Filmstar*
- [ ] *Persönliche Erinnerungen an die Waschmittelwerbung*

Abschnitt 6 (▷ Z. 43–50)
- [ ] *Litfaßsäulen in Polen*
- [x] *Litfaßsäulen als Erfolgsmodell*
- [ ] *Die Zukunft der Litfaßsäule in Deutschland*
- [ ] *Die Litfaßsäule der Zukunft*

Punktzahl Aufgabe 1 gesamt:

2 ***Punkteverteilung für die Aufgabe 2:***
Für jedes richtige Kreuz erhältst du einen Punkt. Du kannst also insgesamt drei Punkte erreichen. Hast du mehr als drei Kreuze gesetzt, bekommst du für diese Aufgabe keinen Punkt.

- [ ] *Abschnitt 1*
- [x] *Abschnitt 2*
- [x] *Abschnitt 3*
- [ ] *Abschnitt 4*
- [x] *Abschnitt 5*
- [ ] *Abschnitt 6*

Punktzahl Aufgabe 2 gesamt:

Seite 52

3 ***Punkteverteilung für die Aufgabe 3:***
Für jedes richtige Kreuz erhältst du einen Punkt. Du kannst also insgesamt vier Punkte erreichen. Hast du in einem Abschnitt (Kästchen) ein falsches Kreuz oder mehr als ein Kreuz gesetzt, bekommst du für diesen Abschnitt (dieses Kästchen) keinen Punkt.

	richtig	***falsch***	***Angaben nicht in der Tabelle enthalten***
Die traditionelle Litfaßsäule aus Holz oder Beton ist 1,60 Meter hoch.	☐	☐	X
Die 3-D-Litfaßsäule ist zwar technisch beeindruckend, wird sich aber auf Grund des hohen Preises nicht durchsetzen.	☐	☐	X
Erst mit der Litfaßsäule beginnt die Außenwerbung in Deutschland.	☐	X	☐
Litfaßsäulen können auch für die Veranschaulichung wissenschaftlicher Theorien benutzt werden.	X	☐	☐

Punktzahl Aufgabe 3 gesamt:

4 ***Punkteverteilung für die Aufgabe 4:***
Für jedes richtige Kreuz erhältst du einen Punkt. Du kannst also insgesamt fünf Punkte erreichen. Hast du bei einer Teilaufgabe ein falsches Kreuz oder mehr als ein Kreuz gesetzt, bekommst du für diese Teilaufgabe keinen Punkt.

a) In Zeile 3 wird von Plakaten mit „attraktiven" Frauen gesprochen. Attraktiv bedeutet hier:
☐ *jung* X *hübsch* ☐ *berühmt* ☐ *begeistert*

b) In Zeile 14 wird von einer gusseisernen „Version" der Litfaßsäule gesprochen. Version bedeutet hier:
☐ *Marke* ☐ *Fassung* X *Variante* ☐ *Gruppe*

c) In Zeile 30 ist von der „Position" vor der 3-D-Säule die Rede. Position bedeutet hier:
☐ *Haltung* ☐ *Blickrichtung* X *Standort* ☐ *Standpunkt*

d) In Zeile 42 wird von einem „idealen" Fluchtweg gesprochen. Ideal bedeutet hier:
☐ *rasch* ☐ *unbekannt* ☐ *vorbildlich* X *perfekt*

e) In Zeile 50 wird davon gesprochen, an einer Litfaßsäule „vorbeizuflanieren". Vorbeiflanieren bedeutet hier:
X *vorbeischlendern* ☐ *vorbeiwandern* ☐ *vorbeirennen* ☐ *vorbeihasten*

Punktzahl Aufgabe 4 gesamt:

5 ***Punkteverteilung für die Aufgabe 5:***
Für jedes richtige Kreuz erhältst du einen Punkt. Du kannst also insgesamt zwei Punkte erreichen. Hast du mehr als zwei Kreuze bei dieser Aufgabe gesetzt, bekommst du für diese Aufgabe keinen Punkt.

Die Litfaßsäule wurde entwickelt,
X *weil man so das wilde Plakatieren in den Städten in den Griff bekommen konnte.*
☐ *weil diese Säulen so zentral stehen, dass viele die Werbeplakate wahrnehmen.*
☐ *obwohl anfangs noch nicht klar war, wofür man sie heute benutzen kann.*
X *indem Ernst Litfaß eine Idee aus Paris aufgriff.*
☐ *um Menschen durch Plakatanschläge des Roten Kreuzes zu informieren.*

Punktzahl Aufgabe 5 gesamt:

Seite 53

6 *Für die richtige Antwort erhältst du einen Punkt. Hast du ein falsches Kästchen oder mehr als ein Kästchen angekreuzt, bekommst du keinen Punkt.*

☐ *Die Anführungszeichen sollen zeigen, dass sich Lydia Böttcher ihrer Sache absolut sicher ist.*
☐ *Die Anführungszeichen sollen zeigen, dass der Autor des Textes Lydia Böttcher selbst interviewt hat.*
☐ *Die Anführungszeichen sollen zeigen, dass diese Textstelle für Lydia Böttcher besonders wichtig ist.*
X *Die Anführungszeichen sollen zeigen, dass Lydia Böttcher das selbst so gesagt hat.*

Punktzahl Aufgabe 6 gesamt:

7 ***Punkteverteilung für die Aufgabe 7:***
Für die richtige Lösung bekommst du einen Punkt. Hast du mehr als ein Kreuz gesetzt oder ein falsches Kästchen angekreuzt, bekommst du für diese Aufgabe keinen Punkt.

☐ *Der Schreiber will den Leser dazu anhalten, die Wahrheit zu sagen.*
☐ *Der Schreiber will dem Leser etwas Neues mitteilen.*
X *Der Schreiber will dem Leser etwas ins Gedächtnis rufen.*
☐ *Der Schreiber will die Sympathie des Lesers gewinnen.*

Punktzahl Aufgabe 7 gesamt:

8 ***Punkteverteilung für die Aufgabe 8:***
Für jedes richtige Kreuz erhältst du einen Punkt. Du kannst also insgesamt fünf Punkte erreichen.
Hast du bei einer Aussage ein falsches Kreuz gesetzt, bekommst du hierfür keinen Punkt.

	richtig	***falsch***
Der erste Abschnitt (▷ Z. 1–6) soll vor allem das Vorwissen des Lesers ansprechen.		X
Der Text ist weitgehend chronologisch aufgebaut.	X	
Der dritte und der vierte Abschnitt sind aufeinander bezogen.	X	
In den Textabschnitten vier bis sechs (▷ Z. 28–50) wird das Thema „Werbung mit Litfaßsäulen" nicht mehr behandelt.		X
Der zweite Textabschnitt (▷ Z. 7–16) und der fünfte Textabschnitt (▷ Z. 34–42) ergänzen sich.	X	

Punktzahl Aufgabe 8 gesamt:

Seite 54

9 ***Punkteverteilung für die Aufgabe 9:***
Für jedes richtige Kreuz erhältst du einen Punkt. Du kannst also insgesamt fünf Punkte erreichen.
Hast du in einem Abschnitt (Kästchen) ein falsches Kreuz oder mehr als ein Kreuz gesetzt, bekommst du für diesen Abschnitt keinen Punkt.

	richtig	***falsch***	***Angaben nicht in der Tabelle enthalten***
Bei elektronischen Geräten legen die Eltern weniger Wert auf den Kauf eines Markenprodukts als die Kinder und Jugendlichen.	X		
Die Einstellung der Eltern zu Markenprodukten unterscheidet sich nie um mehr als 20 Prozent von der Einstellung der Kinder und Jugendlichen.		X	
Den Eltern ist, das zeigen die Zahlen zu „Schulsachen", ein erfolgreicher Schulabschluss am Gymnasium etwas wichtiger als ihren Kindern.			X
Nur in zwei von zehn Bereichen ist es den Eltern wichtiger als den Kindern und Jugendlichen, dass Markenprodukte gekauft werden.		X	
Betrachtet man die Zahlenwerte, so fällt auf, dass nur in dem Bereich „Bekleidung, Jeans" der Markenwunsch bei Eltern und Kindern fast identisch ist.		X	

Punktzahl Aufgabe 9 gesamt:

Seite 55

2. Teil (Kompetenzbereich II): Aufgaben zur Ausdrucksfähigkeit

10 ***Punkteverteilung für die Aufgabe 10:***
Für jede richtige Lösung (richtig verbesserter Ausdrucksfehler) bekommst du einen Punkt. Du kannst also insgesamt fünf Punkte erreichen.
Hast du ein falsches Wort verbessert oder eine falsche Lösung angegeben, bekommst du dafür keinen Punkt.

Lediglich ein paar Sekunden Aufmerksamkeit
Von der Werbung, die das Fernsehen ausschickt, findet nur ein Bruchteil unsere Aufmerksamkeit, sodass wir sie bewusst annehmen. Sicherlich liegt das auch an der Steigerung der Werbesendungen, aber genauso ist festzuhalten, dass wir uns nicht allzu lange konzentrieren können und daher manches nicht registrieren. Das wissen auch die Werbefachleute und so konzipieren sie Werbung, die unterhält, erschreckt oder neugierig macht. Denn Aufmerksamkeit ist ein enges Gut, das mit der steigenden Summe der Medien immer weiter abnimmt. Nur ein paar Sekunden Aufmerksamkeit – das ist der maximale Preis, den ein Zuschauer für gute Werbung zu zahlen bereit ist.

Lösungsmöglichkeiten *für ausschickt: (aus)sendet, ausstrahlt, zeigt, präsentiert*
Lösungsmöglichkeiten *für annehmen: aufnehmen, registrieren, bemerken, erfassen, wahrnehmen*
Lösungsmöglichkeiten *für Steigerung: Zunahme, Anstieg*
Lösungsmöglichkeiten *für enges: knappes, seltenes, rares*
Lösungsmöglichkeiten *für Summe: Zahl, Anzahl, Menge, Fülle*

Punktzahl Aufgabe 10 gesamt:

11 ***Punkteverteilung für die Aufgabe 11:***
Für jede richtige Lösung bekommst du einen Punkt. Du kannst also insgesamt sieben Punkte erreichen. Hast du ein für ein Wort eine falsche Lösung angegeben, bekommst du dafür keinen Punkt.

Auch die Werbung unterliegt den Kräften der Marktwirtschaft und wird so zu einem Gradmesser für die wirtschaftliche Situation in einem Land. Denn nur wenn die Unternehmen gut verdienen, haben sie auch genügend Mittel für Werbung. Wegen der schlechten Konjunktur in den Jahren 2001 und 2002 verzeichnete die Werbewirtschaft einen Rückgang von fünf Prozent; mittlerweile lassen sich höhere Werbeausgaben prognostizieren, weil auch die Wirtschaft in Deutschland wieder wächst.

Lösungsmöglichkeiten *für unterliegt: gehorcht, (be)folgt, ist (...) unterworfen*
Lösungsmöglichkeiten *für Kräften: Regeln, Gesetzen, Grundsätzen, Richtlinien*
Lösungsmöglichkeiten *für so: daher, deshalb, damit, also, dadurch*
Lösungsmöglichkeiten *für Situation: Lage, (die wirtschaftlichen) Verhältnisse, (die wirtschaftlichen) Bedingungen*
Lösungsmöglichkeiten *für Mittel: Gelder, Kapital, Vermögen*
Lösungsmöglichkeiten *für verzeichnete: verbuchte, erlitt, musste (...) hinnehmen, meldete*
Lösungsmöglichkeiten *für prognostizieren: vorhersagen, voraussagen, voraussehen*

Punktzahl Aufgabe 11 gesamt:

Seite 56

12 ***Punkteverteilung für die Aufgabe 12:***
Für jede richtige Lösung bekommst du einen Punkt. Du kannst also insgesamt vier Punkte erreichen. Hast du bei einer Teilaufgabe (a oder b) ein falsches Kreuz oder mehr als ein Kreuz gesetzt, bekommst du für diese Teilaufgabe keinen Punkt.

a) Der Psychologieprofessor behandelt das Thema „Werbung" in seinem Vortrag.

- X *erörtert*
- *kritisiert*
- *streift*
- *bespricht*

b) Um von Werbung möglichst wenig beeinflusst zu werden, ist es natürlich wichtig, auch die Tricks der Werbemacher zu kennen.

- *vermutlich*
- *eventuell*
- X *selbstverständlich*
- *allgemein*

Punktzahl Aufgabe 12 gesamt:

13 ***Punkteverteilung für die Aufgabe 13:***
Für jede richtige Lösung bekommst du einen Punkt. Du kannst also insgesamt vier Punkte erreichen. Hast du bei einer Teilaufgabe (a, b, c oder d) ein falsches Kreuz oder mehr als ein Kreuz gesetzt, bekommst du für diese Teilaufgabe keinen Punkt.

a) „Diese Werbeidee hat Hand und Fuß", hofft der Abteilungsleiter.
- X *ist durchdacht*
- *findet allgemeine Zustimmung*
- *hat zwei Seiten*
- *ist gut zu verwirklichen*

b) „Uns steht das Wasser bis zum Hals", meint der Chef der Auftragsfirma.
- *„Wir schwimmen bald im Geld."*
- *„Wir sind bald wieder flüssig."*
- X *„Wir haben bald keine Geldmittel mehr."*
- *„Wir sollten uns schnellstens etwas einfallen lassen."*

c) Die Werbekampagne war ein Schlag ins Wasser.
- *musste aus Kostengründen eingestellt werden*
- *hat mit einem Schlag die Probleme gelöst*
- X *hatte nicht den erhofften Erfolg*
- *wurde von vielen kritisiert*

d) „Den Schuh müssen wir uns nicht anziehen", betont der Werbefachmann.
- *„Dafür ist der Auftraggeber der Werbung verantwortlich."*
- X *„Dafür müssen wir keine Verantwortung übernehmen."*
- *„Dafür müssen wir uns nicht entschuldigen."*
- *„Dafür brauchen wir uns nicht zu schämen."*

Punktzahl Aufgabe 13 gesamt:

Seite 57

14 ***Punkteverteilung für die Aufgabe 14:***
Für jede richtige Lösung bekommst du einen Punkt. Du kannst also insgesamt fünf Punkte erreichen. Hast du für ein Wort keine richtige Lösung gefunden, bekommst du dafür keinen Punkt.

a) ***Lösungsmöglichkeiten*** *für ehemalige: jetzige, gegenwärtige, momentane*
b) ***Lösungsmöglichkeiten*** *für angenommen: abgelehnt, bemängelt, kritisiert*
c) ***Lösungsmöglichkeiten*** *für aufgebracht: beruhigt, glücklich, zufrieden*
d) ***Lösungsmöglichkeiten*** *für zugegeben: abgestritten, bestritten, geleugnet, von sich gewiesen*
e) ***Lösungsmöglichkeiten*** *für freigesprochen: verurteilt, schuldig gesprochen*

Punktzahl Aufgabe 14 gesamt:

15 ***Punkteverteilung für die Aufgabe 15:***
Für jede richtige Lösung (umgangssprachliche Formulierung unterstrichen und durch einen sachlichen Ausdruck richtig ersetzt) bekommst du einen Punkt. Du kannst also insgesamt vier Punkte erreichen. Hast du ein falsches Wort unterstrichen oder für ein Wort keine richtige Lösung gefunden, bekommst du dafür keinen Punkt.

Knapp 3 000 Werbespots wetteifern täglich im deutschen Fernsehen um die Aufmerksamkeit der Zuschauer – eine krasse Konkurrenz. Wer da einen Werbespot mit Prominenten, am besten mit einem bekannten und in letzter Zeit auch erfolgreichen Sportler, auf Lager hat, der hat die besten Erfolgschancen. Denn das Fernsehen ist, der Plakat-, Zeitschriften- und Radiowerbung zum Trotz, die wichtigste und erfolgversprechendste Art, ein Produkt zu pushen. Aber dafür benötigt man den richtigen Durchblick, denn Erfolg und Ruhm im Sport sind schnell vergänglich.

***Lösungsmöglichkeiten** für krasse: riesige, enorme, gewaltige, ungeheure, außerordentliche, beachtliche, erstaunliche, beachtliche*
***Lösungsmöglichkeiten** für auf Lager haben: zur Verfügung hat, (an)bieten kann, präsentieren kann, darbieten kann*
***Lösungsmöglichkeiten** für zu pushen: zum Erfolg zu verhelfen, an die Spitze zu führen, zu vermarkten*
***Lösungsmöglichkeiten** für (den richtigen) Durchblick: Erfahrung, Wissen, Spürsinn, Kenntnis, Talent, Fähigkeit, Geschick*

Punktzahl Aufgabe 15 gesamt:

Seite 58

16 ***Punkteverteilung für die Aufgabe 16:***
Für jede richtige Lösung bekommst du einen Punkt. Du kannst also insgesamt sieben Punkte erreichen. Hast du für ein Fremdwort keinen bedeutungsgleichen deutschen Ausdruck gefunden, bekommst du dafür keinen Punkt.

Werbung manipuliert nicht nur die Konsumenten, sondern mancher Werbung gelingt es auch, Marken zu etablieren. Wir sagen heute „Tempo" und meinen Papiertaschentücher oder sprechen von „Maggi", nicht von Suppenwürze. Gelingt es, dass Markennamen und Firmenname identisch werden, ist der Werbeerfolg gesichert. Allerdings scheint das gegenwärtig kaum mehr zu funktionieren. Daher werden Produkte heute in einen sozialen Kontext eingebettet: Wenn wir ein bestimmtes Produkt kaufen, sollen wir zugleich glauben, damit ein bestimmtes Lebensgefühl, z. B. Anerkennung, Bewunderung oder Zuneigung, erwerben zu können. Werbung spielt momentan also stärker mit den Sehnsüchten der Menschen, als die Qualität des Produkts herauszustellen.

***Lösungsmöglichkeiten** für manipuliert: beeinflusst, verführt, verlockt*

***Lösungsmöglichkeiten** für Konsumenten: Käufer, Kunden, Verbraucher*

***Lösungsmöglichkeiten** für etablieren: verankern, festsetzen, gründen, aufbauen*

***Lösungsmöglichkeiten** für identisch: gleichbedeutend, dasselbe, ununterscheidbar, gleich*

***Lösungsmöglichkeiten** für sozialen: gesellschaftlichen*

***Lösungsmöglichkeiten** für momentan: heute, gegenwärtig, im Augenblick, jetzt*

***Lösungsmöglichkeiten** für Qualität: Güte, Vorzüge, (den) Wert, Eigenschaften*

Punktzahl Aufgabe 16 gesamt:

17 ***Punkteverteilung für die Aufgabe 17:***
Für jede richtige Lösung bekommst du einen Punkt. Du kannst also insgesamt vier Punkte erreichen. Hast du für einen Ausdruck kein bedeutungsgleiches Fremdwort gefunden, bekommst du dafür keinen Punkt.

Werbung spricht oft unsere eigensüchtigen Gefühle und Wünsche an: Wir wollen beeindrucken und uns auf keinen Fall Schande und Spott zuziehen. Und dafür geben wir viel Geld aus, um immer teurere, edlere und neuere Waren zu besitzen. Unsere Gefühle kosten uns also viel Geld!

***Lösungsmöglichkeit** für eigensüchtigen: egoistischen*
***Lösungsmöglichkeit** für Schande und Spott zuziehen: blamieren*
***Lösungsmöglichkeit** für Waren: Produkte*
***Lösungsmöglichkeit** für Gefühle: Emotionen*

Punktzahl Aufgabe 17 gesamt:

Seite 59

3. Teil (Kompetenzbereich III): Aufgaben zur Rechtschreibung und Zeichensetzung

18 ***Punkteverteilung für die Aufgabe 18:***
Für jede richtige Lösung (Unterstreichung und Korrektur des Wortes) bekommst du einen halben (0,5) Punkt. Du kannst also insgesamt 6 Punkte erreichen. Hast du einen Fehler übersehen oder Richtiges fälschlicherweise korrigiert, bekommst du dafür keinen Punkt.

Wen Historiker heute erzählen, das es Werbeschriften und -plakate schon 3 000 Jahre vor Christus in Ägypten gab, darf man sich darunter keinen Dieter Bohlen im antiken Gewandt und mit einem Milchprodukt in der Hand vorstellen. Wann tatsächlich die ersten Geschäftsleute für Ihre Waren geworben haben, hängt davon ab, was genau man unter Werbung versteht. Ließt man die Defenizion des Brockhaus-Lexikons nach, so umfast Werbung „alle Maßnamen zur Absazförderung". Dazu zählt viel mehr als unsere Heutige Werbung: römische Marktschreier ebenso wie 2 000 jahre alte Steintafen, in die semitische Händler eine Lißte ihrer Waren gemeißelt hatten.

***Fehlerverbesserungen:** Wen**n**, da**ss**, Gewan**d**, **i**hre (klein, da keine Anrede wie im Brief), Lie**s**t, Defin**it**ion, umfa**ss**t, Absa**tz**förderung, **h**eutige, **J**ahre, Steintafe**l**n, Li**s**te*

Punktzahl Aufgabe 18 gesamt:

19 ***Punkteverteilung für die Aufgabe 19:***
Für jede richtige Lösung bekommst du einen halben Punkt. Du kannst also insgesamt sieben Punkte erreichen. Hast du Falsches eingesetzt, bekommst du dafür keinen Punkt.

Anlässlich des 150-jährigen Jubiläums der Litfaßsäule im Jahr 2005 wurde eine Sonderbriefmarke mit dem Motiv der Litfaßsäule aufgelegt, die auch an Horst Litfaß, einen Nachkommen von Ernst Litfaß, überreicht wurde. Auch eine Plakatkampagne (keine Einsetzung) wurde gestartet: Zu sehen ist eine Banane, darunter steht „Kiwi“. Man nimmt Bild und Wort zuerst nur beiläufig auf, erkennt aber trotzdem, dass beides nicht zusammenpasst. Es gibt deshalb einen „Hingucker“ – die Werbung funktioniert also.

Punktzahl Aufgabe 19 gesamt:

Seite 60

20 ***Punkteverteilung für die Aufgabe 20:***
Für jede richtig eingesetzte Groß- oder Kleinschreibung bekommst du einen halben Punkt. Du kannst also insgesamt sechs Punkte erreichen. Hast du eine Schreibung falsch eingesetzt, bekommst du für diese Einsetzung keinen Punkt.

Englische Werbeslogans werden zwar oft gebraucht, sind aber für die meisten deutschen Konsumenten häufig nicht nur unverständlich, sondern erregen zudem auch wenig Aufmerksamkeit, so eine Studie der Statistikerin Isabel Kick aus Dortmund. Bei einer Untersuchung wurde beim Abspielen von Werbesprüchen der Hautwiderstand von Versuchspersonen gemessen. Das Ergebnis: Die deutschen Werbeslogans lösten stärkere Gefühlsreaktionen aus als die englischen. Als Hauptgrund hierfür vermutet Isabel Kick an erster Stelle schlichte Verständnisprobleme. Eine aktuelle Studie bestätigte dies, denn sie zeigte, dass weniger als die Hälfte der Deutschen die englischen Werbesprüche richtig übersetzen können. So scheiterten 85 Prozent der Befragten selbst an kurzen Slogans wie „Be inspired“ (Siemens mobile). Noch schlimmer fiel der Test bei den anderen Sprüchen aus. So wurde der Slogan „Come in and find out“ (Douglas) im Allgemeinen mit „Komm rein und finde wieder heraus“ übersetzt. Wenn englischsprachige Werbung schon nicht korrekt verstanden wird, so könnte sie im Großen und Ganzen wenigstens Aufmerksamkeit erregen, so die Vermutung. Doch auch die emotionale Bindung gelingt offenbar kaum, da deutsche Slogans deutlich stärkere Gefühlsreaktionen bei den Versuchspersonen hervorriefen als englischsprachige Werbung. Bei solchen Ergebnissen liegt es nahe, dass die Werbetexter sich eines Besseren besinnen und zukünftig mehr auf deutschsprachige Slogans setzen.

Punktzahl Aufgabe 20 gesamt:

21 ***Punkteverteilung für die Aufgabe 21:***
Für jedes richtig gesetzte Koma bekommst du einen Punkt. Du kannst also insgesamt sechs Punkte erreichen. Für jedes falsch gesetzte Komma gibt es keinen Punkt. Hast du mehr als sechs Kommas gesetzt, bekommst du null Punkte.

Den Kampf um die Aufmerksamkeit des Zuschauers immer wieder zu gewinnen, das wird für die Werbefachleute, und zwar nicht nur in Europa, immer mehr zum Problem. Wenn die Verkaufszahlen eines Produktes stagnieren oder gar sinken, werden enorme Geldsummen in eine Werbekampagne investiert, die Erfolge in kürzester Zeit bringen muss und die oft über das Weiterbestehen eines Produktes oder sogar der ganzen Firma entscheidet. So entwickeln manche Werbefachleute enorm aggressive Werbung, schrecken aber damit oft auch langjährige Kunden ab.

Punktzahl Aufgabe 21 gesamt:

Seite 61

4. Teil (Kompetenzbereich IV): Aufgaben zur Grammatik

22 ***Punkteverteilung für die Aufgabe 22:***
Für jeden richtig unterstrichenen Nebensatz bekommst du einen Punkt und für jede richtige Nebensatzbestimmung einen weiteren Punkt. Du kannst also insgesamt acht Punkte bekommen.
Hast du einen Nebensatz nicht erkannt, nicht richtig bestimmt oder Falsches unterstrichen, bekommst du hierfür keinen Punkt.

Werbungen überschreiten nicht nur regionale Grenzen, sondern oft auch die des guten Geschmacks und des Gesetzes. Häufig werden Frauen durch Werbung diskriminiert. In Deutschland hat jeder Bürger, der Werbung als frauenfeindlich oder als frauenverachtend empfindet, die Möglichkeit zur Beschwerde vor Gericht. Ob dieser Beschwerde aber stattgegeben wird und in welcher Form dies geschieht, muss von Fall zu Fall entschieden werden. Allerdings fürchten sich die Werbetreibenden manchmal auch vor Beschwerden, denn die könnten den Gesetzgeber auf den Plan rufen. Der könnte dann die Werbegesetze verschärfen und damit die Möglichkeiten der Werbebranche einschränken. Damit das nicht geschieht, wurde der Deutsche Werberat, ein freiwilliges Kontrollgremium der Werbebranche, ins Leben gerufen. Mit seinen Empfehlungen soll er garantieren, dass viele Beschwerden gar nicht erst aufkommen. Doch allzu groß scheint die Wirkung nicht zu sein: Im Jahr 2003, einem Jahr mit relativ wenig Werbung, kamen aus der Bevölkerung 606 Beschwerden, eine Abänderung eines Werbespots auf Anraten des Deutschen Werberates gab es aber nur in sieben Fällen.

(...), der Werbung als frauenfeindlich oder als frauenverachtend empfindet, (...): Relativsatz
Ob dieser Beschwerde aber stattgegeben wird und in welcher Form dies geschieht, (...): Subjektsatz
Damit das nicht geschieht, (...): Finalsatz (Adverbialsatz, der einen Zweck angibt)
(...), dass viele Beschwerden gar nicht erst aufkommen.: Objektsatz

Punktzahl Aufgabe 22 gesamt:

23 ***Punkteverteilung für die Aufgabe 23:***
Für jede richtige Lösung bekommst du einen Punkt. Du kannst also insgesamt sechs Punkte bekommen.
Hast du eine falsche Lösung angegeben, bekommst du hierfür keinen Punkt.

diese: Demonstrativpronomen
oft: Adverb
und: Konjunktion
das: Relativpronomen
sich: Reflexivpronomen
nichts: Indefinitpronomen

Punktzahl Aufgabe 23 gesamt:

Seite 62

24 ***Punkteverteilung für die Aufgabe 24:***
Für jede richtig gelöste Teilaufgabe (a, b und c) bekommst du zwei Punkte. Du kannst also insgesamt sechs Punkte bekommen. Hast du eine Teilaufgabe falsch oder nicht gelöst, bekommst du hierfür keine Punkte.

a) *In der zweiten Hälfte des 19. Jahrhunderts veränderte großflächige Anzeigenwerbung das Aussehen der allermeisten Tageszeitungen. (Aktiv)*
Lösung: *In der zweiten Hälfte des 19. Jahrhunderts wurde das Aussehen der allermeisten Tageszeitungen durch großflächige Anzeigenwerbung verändert. (Passiv)*
b) *Bereits vorher hatten einige wenige Firmen mit zielgerichteter Zeitungswerbung spezielle Zielgruppen anzusprechen versucht. (Aktiv)*
Lösung: *Bereits vorher war von einigen wenigen Firmen versucht worden, mit zielgerichteter Zeitungswerbung spezielle Zielgruppen anzusprechen. (Passiv)*
c) *Ab etwa 1900 werden die Zeitungsannoncen zunehmend von eigens ausgebildeten Werbegrafikern entworfen. (Passiv)*
Lösung: *Ab etwa 1900 entwerfen ausgebildete Werbegrafiker zunehmend die Zeitungsannoncen. (Aktiv)*

Punktzahl Aufgabe 24 gesamt:

25 ***Punkteverteilung für die Aufgabe 25:***
Für jedes richtig unterstrichenen Attribut bekommst du einen Punkt und für jede richtige Attributbestimmung einen weiteren Punkt. Du kannst also insgesamt acht Punkte bekommen.
Hast du ein Attribut nicht erkannt, nicht richtig bestimmt oder Falsches unterstrichen, bekommst du hierfür keinen Punkt.

Graffiti kann man durchaus als eine Spielart der Werbung sehen. Denn schließlich sind diese grellbunten und auffallend platzierten Schriftzüge ein Zeichen dafür, dass jemand unbedingt auf sich aufmerksam machen will. Nicht jedermann befürwortet Werbung dieser Art und außerdem verursachen Graffiti beim Entfernen enorme Kosten: Ein Verbot scheint also sinnvoll und gerechtfertigt zu sein.

der Werbung: Genitivattribut
grellbunten und auffallend platzierten: Adjektivattribut
dieser Art: Genitivattribut
enorme: Adjektivattribut

Punktzahl Aufgabe 25 gesamt:

Seite 63

26 ***Punkteverteilung für die Aufgabe 26:***
Für jede richtige Unterstreichung bekommst du einen Punkt. Du kannst also insgesamt vier Punkte bekommen.
Hast du bei einer Teilaufgabe (a, b, c oder d) Falsches unterstrichen oder das Satzglied nicht vollständig unterstrichen, bekommst du hierfür keinen Punkt.

a) *Im Laufe der folgenden Jahrzehnte sollte das Fernsehen als Werbemedium immer wichtiger und einflussreicher werden. (Prädikat)*
b) *Nun mussten die Firmen nicht mehr um einen Sendeplatz im öffentlich-rechtlichen Fernsehen kämpfen, denn sie hatten durch die gerade entstandenen Privatsender die freie Auswahl, wo sie ihre aktuelle Werbung schalten wollten.*
Temporaladverbiale (adverbiale Bestimmung der Zeit)
c) *Werben kostet in Deutschland pro Jahr rund 30 Milliarden Euro, also gut ein Prozent des Bruttoinlandsproduktes. (Subjekt)*
d) *Heute kommen aber nur wenigen Werbefirmen aus Europa und Amerika die Werbegelder der großen Firmen, etwa BASF, VW oder Siemens, zugute. (Dativobjekt)*

Punktzahl Aufgabe 26 gesamt:

27 ***Punkteverteilung für die Aufgabe 27:***
Für jede richtig gelöste Teilaufgabe (a und b) bekommst du zwei Punkte. Du kannst also insgesamt vier Punkte bekommen. Hast du bei einer Teilaufgabe (a oder b) eine falsche Lösung, bekommst du hierfür keinen Punkt.

a) *„Die ‚Geiz ist geil'-Werbung kann sogar für falsche Sparsamkeit, etwa bei der medizinischen Vorsorge, verantwortlich gemacht werden."*
Lösung: *Die ‚Geiz ist geil'-Werbung könne sogar für falsche Sparsamkeit, etwa bei der medizinischen Vorsorge, verantwortlich gemacht werden.*
b) *„Schließlich besitzen wir Menschen kaum noch eine Vorstellung davon, dass Geiz eigentlich eine der Todsünden darstellt."*
Lösung: *Schließlich besäßen wir Menschen kaum noch eine Vorstellung davon, dass Geiz eigentlich eine Todsünde darstelle.*

Punktzahl Aufgabe 27 gesamt:

Auswertung deiner Testergebnisse

Nachdem du deinen Deutschtest mit Hilfe des Lösungsteils (▷ S. 28–34) korrigiert und bei jeder Aufgabe deine Punktzahl ermittelt hast, kannst du mit Hilfe der folgenden Auswertungstabelle feststellen, in welchen Bereichen du gut bist und was du noch üben musst.
Fülle die folgenden Tabellen aus und notiere

- *wie viele Punkt du bei jeder Aufgabe erreicht hast und*
- *wie viele Punkte du in jedem Bereich erzielt hast (Gesamtpunktzahl für die Kompetenzbereiche).*

Kompetenzbereich I: Textzusammenfassung und Textverständnis (▷ Arbeitsheft S. 51–62, Lösungsteil S. 28–30)

Aufgabe	*Kompetenzbereich I: Textzusammenfassung und Textverständnis*	*Höchstpunktzahl*	*deine Punktzahl*
1	*wesentliche Textinhalte erfassen*	6	
2	*wesentliche Textinhalte erfasssen*	3	
3	*Aussagen anhand des Textes überprüfen*	4	
4	*Textinhalte im Textzusammenhang erfassen*	5	
5	*Textinhalte im Textzusammenhang erfassen*	2	
6	*sprachliche Gestaltungsmittel in Texten erklären*	1	
7	*wesentliche Textinhalte erfasssen*	1	
8	*den inhaltlichen Aufbau (Struktur) eines Textes erfassen*	5	
9	*Informationen aus einer Grafik entnehmen*	5	
Gesamtpunktzahl *für den Kompetenzbereich I: Textzusammenfassung und Textverständnis*		***32***	

Du solltest von den 32 Punkten mindestens 16 erreicht haben.
Wenn du weniger als 16 Punkte in dem Kompetenzbereich I hast, solltest du verstärkt Texte lesen und inhaltlich auswerten. Gehe folgendermaßen vor: Lies die Texte genau und kläre alle Begriffe, die du nicht verstehst. Fasse bei jedem Text die wesentlichen Informationen zusammen. Die W-Fragen (Wer ...?, Was ...?, Wo...?, Wann ...? etc.) können dir dabei helfen.
Bitte auch deine Deutschlehrerin oder deinen Deutschlehrer, dir entsprechende Übungen zu geben.

Kompetenzbereich II: Ausdrucksfähigkeit (▷ Arbeitsheft S. 55–58, Lösungsteil S. 30–32)

Aufgabe	*Kompetenzbereich II: Ausdrucksfähigkeit*	*Höchstpunktzahl*	*deine Punktzahl*
10	*Ausdrucksfehler erkennen und verbessern*	5	
11	*Synonyme (Wörter mit gleicher Bedeutung) finden*	7	
12	*Synonyme (Wörter mit gleicher Bedeutung) finden*	4	
13	*Redewendungen (bildliche Ausdrücke) verstehen*	4	
14	*Antonyme (Wortpaare mit gegensätzlicher Bedeutung) finden*	5	
15	*umgangssprachliche Formulierungen erkennen und verbessern*	4	
16	*Fremdwörter ersetzen*	7	
17	*Fremdwörter finden*	4	
Gesamtpunktzahl *für den Kompetenzbereich II: Ausdrucksfähigkeit*		***40***	

Du solltest von den 40 Punkten mindestens 20 erreicht haben.
Wenn du weniger als 20 Punkte in dem Kompetenzbereich II hast, solltest du deine Deutschlehrerin oder deinen Deutschlehrer bitten, dir entsprechende Übungen zu geben.

Kompetenzbereich III: Rechtschreibung und Zeichensetzung (▷ Arbeitsheft S. 59-60, Lösungsteil S. 32–33)

Aufgabe	Kompetenzbereich III: Rechtschreibung und Zeichensetzung	Höchstpunktzahl	deine Punktzahl
18	Rechtschreibfehler erkennen und verbessern	6	
19	Rechtschreibregeln anwenden	7	
20	Groß- und Kleinschreibung	6	
21	Kommaregeln anwenden	6	
Gesamtpunktzahl für den Kompetenzbereich III: Rechtschreibung und Zeichensetzung		**25**	

Du solltest von den 25 Punkten im Kompetenzbereich III mindestens 12 Punkte erreicht haben.
Schau dir genau an, bei welcher Aufgabe du wenig Punkte erreicht hast. Diese Bereiche (z. B. Groß- und Kleinschreibung, Kommasetzung, allgemeine Rechtschreibregeln wie Schreibung der s-Laute, Dehnung, Schärfung etc.) solltest du noch einmal üben. Wiederhole auch die entsprechenden Regeln zur Rechtschreibung und zur Zeichensetzung aus deinem Schulbuch.
Bitte auch deine Deutschlehrerin oder deinen Deutschlehrer, dir entsprechende Übungen zu geben.

Kompetenzbereich IV: Grammatik (▷ Arbeitsheft S. 61–63, Lösungsteil S. 33–34)

Aufgabe	Kompetenzbereich IV: Grammatik	Höchstpunktzahl	deine Punktzahl
22	Nebensätze bestimmen	8	
23	Wortarten bestimmen	6	
24	Umformen von Aktivsätzen in Passivsätze und von Passivsätzen in Aktivsätze	6	
25	Attribute genau bestimmen	8	
26	Satzglieder bestimmen	4	
27	Umformen von direkter Rede in indirekte Rede	4	
Gesamtpunktzahl für den Kompetenzbereich IV: Grammatik		**36**	

Du solltest von den 36 Punkten mindestens 18 erreicht haben.
Schau dir genau an, bei welcher Aufgabe du wenig Punkte erreicht hast. Diese Bereiche (z. B. Nebensätze, Wortarten, Aktiv und Passiv, Attribute, Satzglieder, direkte Rede und indirekte Rede) solltest du noch einmal üben. Wiederhole auch die entsprechenden Grammatikeinheiten und -regeln aus deinem Schulbuch.
Bitte auch deine Deutschlehrerin oder deinen Deutschlehrer, dir entsprechende Übungen zu geben.

Gesamtpunktzahl und Bewertung deiner Leistung:

	Höchstpunktzahl	deine Punktzahl
Gesamtpunktzahl für den Kompetenzbereich I: Textzusammenfassung und Textverständnis	32	
Gesamtpunktzahl für den Kompetenzbereich II: Ausdrucksfähigkeit	40	
Gesamtpunktzahl für den Kompetenzbereich III: Rechtschreibung und Zeichensetzung	25	
Gesamtpunktzahl für den Kompetenzbereich IV: Grammatik	36	
Summe insgesamt	**133**	

Bewertung deiner Leistung:

133–111 Punkte: eine sehr gute Leistung
110–92 Punkte: eine gute Leistung
91–78 Punkte: eine befriedigende Leistung
77–68 Punkte: eine ausreichende Leistung
67–48 Punkte: Du musst üben.
47–0 Punkte: Du musst deutlich üben.

Schau dir genau an, in welchem Bereich oder bei welchen Aufgaben du besonders wenig Punkte erzielt hast. Übe diese Bereiche noch einmal, z. B. mit Hilfe des Schulbuchs oder mit dem Arbeitsheft.
Du kannst auch deine Deutschlehrerin oder deinen Deutschlehrer bitten, dir entsprechende Übungen zu geben.
Unter der Internetadresse www.isb.bayern.de (hier klickst du auf „Gymnasium“, dann auf „Vergleichsarbeiten/Prüfungen“, dann auf „Jahrgangsstufenarbeiten“ und danach auf „Deutsch“) findest du alte Tests, die bisher in der 6. und 8. Klasse geschrieben wurden. Nutze diese Tests, um noch einmal einen ganzen Deutschtest zu lösen, oder bearbeite Einzelaufgaben aus den Bereichen, in denen du dich noch verbessern musst.